英語授業・全校での
協同学習のすすめ

「主体的・対話的で深い学び」をめざして

根岸恒雄 著

高文研

まえがき

「子どもも教師も幸せになれる授業・学校」を創るために

　中学校の英語教師を37年勤め、最後の8年ほどは英語授業と全校での協同学習に取り組み、その様々な効果を実感してきました。協同学習をより深く学びたいと考え、退職後に埼玉大学大学院で英語教育や協同学習を中心に研究・学習して、その効果が多方面に及び大変大きいことを学んできました。

1　英語授業での協同学習の進め方と効果、その高め方は？

　英語授業・全校での協同学習に関する講座やワークショップをこれまでに全国で30回以上やらせていただき、「効果が良くわかり、見通しを持てた」「もっと詳しく具体的に聞きたい」等の声を得てきました。一方、協同学習への関心が高まっているのですが、「英語授業でどう進めたら良いかわからない」「取り組んだが、思ったほどの効果を実感しなかった」「英語での協同学習が一番難しい」等の声を聞くことも少なくありません。

　第1章では、そうした方々に見通しを持っていただけるように、「英語授業でどう協同学習を進めたら良いか？」「その効果は？」「効果を高めるためには何が大切か？」「質の高い学びを実現するにはどうしたら良いか？」等を理論的に整理していきます。

2　「主体的・対話的で深い学び」を実現するには？　改訂学習指導要領への対応は？

　2020年度から小学校、中学校、高校で順次実施される改訂学習指導要領では「主体的・対話的で深い学び」が強調されています。それまでのアクティヴ・ラーニングに関し、より明確に視点を示しました。英語授業ではどうしたら実現できるのでしょうか？

> 本書では協同的学びの質を高め、「主体的・対話的で深い学び」を実現するために、
> （1）英語教育の目的（人格形成と学力形成）を踏まえる。

> （2）協同的学びを成立させる3つの要件（学び合う関係づくり、教科として真正の学び、ジャンプのある学び）を英語科として具体化し高度化させる。
> （3）改訂学習指導要領の特徴とそれへの対応案をまとめる。
> （4）結論的に、「内容もある優れた英語の教材を使い、協同学習的に有効に学ばせてこそ、『主体的・対話的で深い学び』を実現できる」としています。

　詳しい条件や考察すべき内容は第1章を読んで一緒に考えていただきたいです。小学校英語の早期化・教科化、小中高での語彙数の大幅増加、中学校でも「授業は英語で行うことを基本とする」、高校英語のさらなる高度化等が進み、英語学習を早くから諦めてしまう子供たちが増えるのではないかという懸念もあります。子供たちに諦めさせず、再び学びに参加させるためにも協同学習が力を発揮し得るとも考えています。

3　英語授業での協同学習の具体的実践を豊富に紹介。

　これまで『世界が見える"英語楽習"』（2005年）、『楽しく英語力を高める"あの手この手"』（2010年）、『新英語教育』誌、『英語教育』誌等で、楽しく英語力を高める様々な理論・実践を紹介してきました。本書では、「英語授業での協同学習をどう進めたら良いのか」をテーマにして、その後の多くの取り組みをまとめています。

　第2章（協同学習の実践編Ⅰ）では、授業方針、帯活動、教科書の活用（新教材の導入、単語・本文学習、様々な音読）、自己表現等を。第3章（協同学習の実践編Ⅱ）では、教科書からの発展、英語の歌の扱い、プロジェクト学習、教師の実践力の高め方等を扱っています。多くの実践を資料や手順付きで紹介し、追実践（まねして実践）がしやすいように書いています。それらの中から、特に関心を持った実践を2つでも3つでも取り組んでいただけると嬉しいです。

　英語の歌の扱いでは、Reading-Listening方式という導入方法を詳しく紹介しています（同簡略版も）。グループを活用し、歌詞内容も学べ、鑑賞までできるとても有効な方法だと考えています。この方法を取り入れている方は今では私以外にも少なくありません。

　各取り組みへの中学生の声、自己表現の作品、報告書等を豊富に載せています。現在教えている大学での協同学習を取り入れた授業（英語科教育法、英語）への学生の声も紹介しています。適切な教材を使い、協同学習を有効に取り入れると、「楽しく」「わかり」「深い学び」を実現していけることを、生徒・学生の声からも実感していただけると思います。

4 「全校での協同学習の推進（学びの共同体づくり）」はどう進めたら良いのか？

　本書の後半のテーマは「全校で協同学習を進めることによる授業・学校改革のすすめ」です。私自身の学校での改革の経験、学びの共同体研究会での学び、私が支援しているいくつかの学校での取り組みの成果等に基づき、より多くの学校で取り組まれると良いと考えています。「協同学習による授業・学校改革」は何をめざしていて、どう進めたら良いのでしょう？またその改革で学校はどう変わっていくのでしょう？

　第４章では、学びの共同体研究会の代表である佐藤学氏の『学校を改革する　学びの共同体の構想と実践』（岩波ブックレット、2012年）を要約する形で、「21世紀型の学校」を実現する改革のヴィジョンと哲学、活動システム、授業改革の方法、その効果としての問題行動等の激減、学力の向上、教師間の同僚性の構築、取り組みの広がり等をまとめています。学びの共同体研究会の研究大会には毎年のように参加して、佐藤氏の講演も毎回聞いていますが、そのたびに新しく、また深く学ぶことが多くあります。そうしたことの一部ですが、ここで伝えたいと考えています。

5 協同学習による学校改革の取り組みをくわしく紹介！

　第５章では、私が最後に６年間勤務した熊谷市立Ｏ中学校での協同学習による学校改革の取り組みとその成果をまとめています。赴任当時は非行・問題行動が連日のように起こり、いじめや教師いじめもあり、授業が成立しにくい状況のあるかなり困難の多い学校でした。その年の秋に校内研修会を開いてもらい、「グループ学習（協同学習）の重要性」を私から提起させてもらい、学びの共同体研究会からの学びがきっかけとなり、翌年度から外部からの援助も受けながら「全校での協同学習の推進（学びの共同体づくり）」に取り組みました。授業改革の目的は「全ての生徒を学びに参加させること」でした。

　全校での熱心な取り組みによって、１～２年で学校は見違えるように変わりました。学びに参加できるようになった生徒たちの生活はだんだん落ち着いていきました。その後は学校生活のどの分野にも頑張るようになり、文化的活動や部活動にもとても熱心に取り組むようになり、学校行事も大変感動的なものになっていきました。紹介している何人かの生徒のエピソードにもぜひ注目していただきたいです。

　３年間全校で取り組み大きな成果をあげたあと、最後の２年間で、学校の研修方針が少しずつ変更されていくのですが、その中でも教師と生徒で力を合わせて、協同学習をどう進め、学校・学年を作っていったかを紹介しています。私自身の最後の一年間（３年生の学年主任として）の様子もお知らせしています。全校で協同学習を推進してきたおかげで、教師生活の幸せな締めくくりができたと考えています。

6 「学校が幸せな場であり、第2のホーム」になるように、協同学習を広めたい！

　最後の中学校で英語授業や全校で協同学習を推進し、その効果や素晴らしさを実感したため、退職後大学院に進んだことはすでに書きました。2年間の研究を修了し、大学で教え始めて3年が過ぎようとしていますが、「協同学習による授業・学校改革を広めたい」気持ちはますます強くなっています。そうした願いを実現させるために本書の執筆を進めてきました。子どもたちにとって「学校が幸せな場であり、第2のホーム」になって欲しいと願っています。

7 教師の実践力をどう高めたら良いのか？

　当初13曲の歌詞プリントを載せる計画でした（文中に5曲、巻末に8曲）。しかし著作権の関係で掲載に予想以上の厳しい制約がつくことがわかりその多くを断念しました。その代わりに、第3章の終わりに「教師の実践力を高めるために」という項を書き加え、巻末資料に「英語科授業での協同的学びの質を高めるための考察と実践」という論文（2016）と「外国語学習者への協同学習の効果、作文力と学ぶ意欲に関して」という修士論文（2016）の要旨を載せることにしました。前者は特に若い先生方に参考になるでしょうし、後者は協同学習をさらに深めようとする方に意義があるでしょう。

　一人でも多くの方に本書を手に取っていただき、協同学習に関心を持ち取り組みを進められる方が増えることを願っています。「子どもも教師も幸せになれる授業・学校」を創るために、あるべき理念・方法を探究していきましょう。

2019年2月　　根岸　恒雄

目　次

まえがき　「子どもも教師も幸せになれる授業・学校」を創るために ……………… 2

第1章　英語授業での協同学習をどう成立させ、「主体的・対話的で深い学び」を実現させるか？（協同学習をめぐる理論編）

Ⅰ　英語授業での協同学習の進め方と効果 ……………………………………… 9
　1　私と協同学習について初めに一言　　3　協同学習の効果は？
　2　英語科での協同学習の進め方

Ⅱ　協同的学びをどう成立させ、学びの質を高めるのか？
　　　～「主体的・対話的で深い学びをめざして」～ ……………………………… 15
　1　英語教育の目的を考える　　　　　3　「知性を育てる英語授業の原則」
　2　協同的学びを成立させる3要件とその具体　　4　考察のまとめ
　　　化、学びの質の高め方

Ⅲ　改訂学習指導要領の前進面と課題 …………………………………………… 24
　1　『新しい学習指導要領の考え方』　　4　英語教育の早期化・超高度化
　　　…… 評価できると考えられる面　　　　　…… 課題だと考える面
　2　アクティヴ・ラーニングから　　　5　改訂学習指導要領への対応
　　　「主体的・対話的で深い学び」へ
　3　英語科としての
　　　「学びに向かう力、人間性等」の考察

Ⅳ　グループ学習の3類型と本書で扱う協同学習 ……………………………… 28

第2章　英語授業での協同学習（実践編Ⅰ）
　　　（授業方針、帯活動、教科書活用、音読、自己表現他）

Ⅰ　私の授業方針 …………………………………………………………………… 31
　Ａ　英語教育の目的と私の授業方針
　Ｂ　授業開きと4人グループ作り、ペアの確認
　1　授業開き（1時間目）　　　　　2　授業開き（2時間目）

Ⅱ　仲間と楽しく、表現力・作文力アップの帯活動 …………………………… 36
　Ａ　Happy Communication（ハピコミ）はぜひお勧め！
　Ｂ　3つの活動で「英語ができる」と実感できる生徒を増やす
　1　Power Up English（PUE）で　　　3　重要単語の練習と小テストで定着をめざす
　　　文法・表現の活用・定着をめざす　　4　単元テストで活動の成果を検証する
　2　Smile Input（SI）で　　　　　　5　3つの活動に関する生徒の意見
　　　基本文や重要表現の定着をめざす

- C ビンゴゲームで重要単語、表現を楽しく覚える
- D 日常会話（使える「復習英会話」）
- E 英語の歌は授業を楽しくする魔法！

Ⅲ 教科書を使っての授業をどう行うか？ ……… 46
1 基本文（新文法事項）の学習では
2 単語・重要表現の学習
3 教科書本文などの学習

A 2年生 Program 5 Gulliver's Travels での学習
1 Program 5-3 基本文
（接続詞 if の使い方）の学習
2 新出単語と本文の学習

B 3年生 Program 8 Clean Energy Sources での学習
1 Program 8-1 基本文（目的格の which の使い方）と新出単語の学習
2 Program 8-1, 8-2 の教科書本文の学習（発問を使っての学習から表現へ）
3 教科書の読み物を使っての多読の実践

Ⅳ 音読の方法、あれこれ ……… 58
A 全体で行う音読練習
B ペアで行う音読練習
C グループで行う音読練習
D 家庭での音読・筆写

Ⅴ 自己表現で「主体的・対話的で深い学び」を実現させる ……… 61
A 未来形を学んで、My Summer Plan 執筆、発表会へ
B 英語の文の書き方を指導する
C 3年間の学びを英語卒業論文（My Dream, My Opinion）にまとめる

第3章　英語授業での協同学習（実践編Ⅱ）
（教科書からの発展、歌、プロジェクト学習、教師の実践力を高める他）

Ⅰ 教科書からの発展 ……… 73
A 『かわいそうなぞう』 "Faithful Elephants" を読む
B 「リオの伝説のスピーチ」を表現活動につなげる

Ⅱ 英語の歌で楽しく学びを深める ……… 82
A Reading-Listening 方式による「歌の導入と鑑賞」
1 Reading-Listening 方式の手順
2 Reading-Listening 方式についての生徒の意見
B 歌 "Try Everything" を扱った実践
C 簡略版 Reading-Listening 方式を始める
1 「涙そうそう」を簡略版で学ぶ
2 "Zero Landmine" を簡略版で学ぶ
D 3年間で歌ってきた曲

Ⅲ　修学旅行では「平和と友好のメッセージ」で交流 …… 94
Ⅳ　授業アンケートでの生徒・学生の声 …… 102
Ⓐ 中学校3年間の英語授業アンケートから
Ⓑ 大学生の授業アンケートから
1　2年生での英語授業アンケートから　　2　英語科教育法の授業アンケートから
Ⅴ　教師の実践力を高めるために …… 108
1　実践力は高められる　　　　　　　　3　実践力を高めるための「お勧め十カ条」
2　私自身の取り組み

第4章　協同学習による学校改革をどう進めるか（理論編）
『学校を改革する　学びの共同体の構想と実践』から …… 113
1　21世紀の社会と学校　　　　　　　　5　教師間の同僚性の構築
2　学びの共同体のヴィジョンと哲学　　　6　保護者との連帯、教育委員会との連携
3　学びの共同体の活動システム　　　　　7　国内外のネットワーク
4　協同的学びによる授業改革　　　　　　8　地域にパイロット・スクールをつくろう

第5章　協同学習で学校改革に取り組む（実践編）
Ⅰ　赴任した年（2008年度）の学校の様子と取り組み …… 121
1　赴任したO中学校の様子　　　　　　3　10月に研修会を開いてもらう
2　生徒たちの様子　　　　　　　　　　4　その後の研修会参加、2月の校内研修会
Ⅱ　改革の始まりと進行、子どもたちと学校の変化 …… 126
1　2009年度、2010年度校内研修方針　　3　改革の2年目（2010年度）の取り組みから
2　改革の1年目（2009年度）を終えて　　4　改革の3年目（2011年度）の取り組みから
Ⅲ　研修方針変更の動きと学年の取り組み …… 140
1　2012年度の取り組み
Ⅳ　2013年度（私の最後の勤務の年）の様子と実践の総括 …… 142
1　2013年度の学び合い学習と3年生の様子　　4　先生方と生徒たちに支えられて
2　学校改革を振り返ってみて　　　　　　　　5　生徒たちの寄せ書きから
3　ある卒業生からの手紙

資料1　論文「英語科授業での協同的学びの質を高めるための考察と実践」 …… 147
資料2　修士論文要旨「外国語学習者への協同学習の効果―作文力と学ぶ意欲に関して」 …… 157

あとがき …… 159

第1章

英語授業での協同学習をどう成立させ、「主体的・対話的で深い学び」を実現させるか？
（協同学習をめぐる理論編）

I　英語授業での協同学習の進め方と効果

1　私と協同学習について初めに一言

　協同学習の効果や進め方を述べる前に、「私と協同学習の関わり」について簡潔に書いておきます。私自身は退職前の7年半、2つの中学校の英語授業・全校で協同学習に取り組み、その効果を強く感じてきました。そのため、定年退職と同時に大学院の修士課程に進み、2年間英語教育と教育学（協同学習を中心に）を学び研究し、修了後、大学での英語科教育法と英語の授業を協同学習を取り入れて進めています。

　協同学習をさらに学び研究しようと思ったのは、特に最後の学校で経験してきたことによります。最後の勤務校のO中学校では6年間勤めましたが、赴任当時はかなり困難の多い学校で、非行・問題行動は連日のように起こっていました。赴任1年目から英語の授業では協同学習を実施していましたが、2年目から全校で協同学習（学びの共同体づくり）を進めるようになりました。取り組みの結果、1年、2年で学校は大きく変わりました。全校で取り組むようになった経過や取り組み、子供たち、学校の変化等については第5章で詳しく述べるようにします。

　協同学習を進めたことにより、英語授業も学校もより良く変わった経験が基になり、今でも協同学習について学び研究し、より多くの授業や学校に広めていきたいと考えています。

2　英語科での協同学習の進め方
（1）協同学習とは？

　さて、今注目されてきている協同学習ですが、どう定義し、英語の授業ではどう取り組んでいったらよいのでしょうか？　協同学習の定義や方法はいくつかの考えがあ

り、一つに定まっているわけではないのですが、ここでは江利川春雄氏（2012）の定義をまず紹介します。江利川氏は「**協同学習を簡単に定義すれば、少人数集団で自分と仲間の学びを最大限に高め合い，全員の学力と人間関係力を育て合う教育の原理と方法**」と定義しています[1]。

（2）英語の授業では協同学習をどう進めたら良いのでしょう？

　実際に授業をしていく場合には、いつも少人数集団で学ぶわけではないので、根岸（2013）は、実践の目安として、「英語教育の効果（人格形成や学力形成）を最大限に高めるために、全体での授業とペア・グループの活動や学び合いを有効に組み合わせて授業を行う」と提案しました[2]。

　あらためて私は、次のように提案します。

> **英語授業での協同学習の進め方**
> 「英語教育の目的である人格形成や学力形成を最大限に高めるために、全体での授業とペアやグループの活動や学び合いを有効に組み合わせて授業を行う」
> ＊「全体での授業」には、「教師が教えトレーニングしたりする部分」と「生徒の疑問・意見・表現等をつなぎ学びを深める部分」の両方を含めています。

　教材の内容や生徒の実態も考えて授業を工夫するわけですが、上のように考えると協同学習を進めやすくなりませんか？　英語授業では全体授業で教師が教えトレーニングしたり、答え・意見・作品等を発表させ共有することが必要です。しかし全体授業だけですべての生徒を学びに参加させていくことは困難です。効果的なペアやグループでの活動や学び合いがあってこそ、すべての生徒により豊かな学びを保障していくことができます。特に学力差のつきやすい英語の授業ではペアやグループによる学び合い、支え合いが大切と言えます。

　私は全体での授業もペアやグループによる活動や学び合いも協同学習的に行うことができると考えています。このことは、佐藤学氏（2012）の「30人もしくはそれ以上の生徒がいる日本の教室では、小グループの協同的学びだけで授業を展開するのは困難である。コの字型の教室配置は、この問題を解決するため、全体の協同的学びと小グループの協同的学びを併用する必要から考案された」という考え[3]と通ずるものがあると思います。

　英語授業での協同学習の詳しい進め方、効果の高め方、またここで述べている英語教育の目的についての私の主張はとても大事なことですので、Ⅱの「協同的学びをどう成立させ、学びの質を高めるのか？」のところで詳しく書くようにします。

　私の提案に基づく自分自身の中学校での実践を第2、3章で詳しく報告します。英

語授業での協同学習によってどんな学びが実現できるのか、教師が学び合う材料を提供できたらと考えています。

(3) 実践をする上で大事なことを2つ

協同学習を行う場合に大事なことをここでは2つだけあげておきます。

① 「すべての生徒を引き受けることから教育は始まる」ということ。佐藤学氏の言葉ですが、すべての生徒に学びを保障するために協同学習を進めるのだということを銘記しておきましょう。

② 「教室内にケアし合う関係を作る」こと。「ケアする」とは「心を砕く」ということです。「教師がすべての生徒をケアする」ことを基盤にして、「生徒同士がケアする関係」を作っていきます。教師の力だけですべての生徒をケアしきることは困難であり、生徒同士の方がより巧みにケアできることもあります。「ケアし合う関係」に支えられてこそ、すべての生徒が学びに参加できるようになります。

3　協同学習の効果は？

さて協同学習にはどんな効果があるのでしょうか？

(1) 協同学習に期待される多くの効果

久留米大学の岩田好司氏（2012）は、「協同学習から期待される効果は様々だが、3つの面に分けて考えると次のようになる」としています[4]。

① 認知、学習面
　学業成績の向上、学習意欲の高まり、積極的な取り組み、学校・科目に対する好感度の高まり、高次の推理能力、批判的思考力など。
② 対人、社会性面
　協同（コミュニケーション、対人関係）の技能の改善、多様な考えを受け入れ、楽しむ能力の増大、低学力や障害をもった学生に対する受容、異民族間の関係強化など。
③ 心理面
　自信・自尊感情の高まり、情緒的成熟、アイデンティティー強化など。

岩田氏は主に文献研究から論じていますが、協同学習に大変多くの重要な効果があると主張しています。

(2) 根岸の「効果実感」アンケート（協同学習を体験している生徒による）の分析結果

私は大学院時代、岩田氏の主張する各項目を実際に協同学習を経験している中高生たちがどう実感しているのか調べるために、302人の生徒と4人の先生にアンケート

を取りました（2015年1月）。いずれも協同学習（CL）を熱心に実施していても、4つの学校には次のように条件の違いがありました[5]。

4校の条件の違い

学校	学年	人数	実施期間	CL実施	授業研究会	全体的学力	教師のCL歴	教師の性別
A中	中3	78	10カ月	英語のみ	なし	中	6年	男
B中	中3	51	2年10カ月	全教科で	あり	中	12年	女
C高	高3	57	2年10カ月	英語、他	あり	低	7年	男
D高	高2	116	1年10カ月	英語のみ	なし	中	6年	男

詳しい経過は省きますが、次のような結果を得て、考察を行いました。

① 4校平均で高い効果を確認できた項目（4点満点で3以上）。
- 学ぶ意欲が高まった（3.4）・学習に対して積極的になった（3.3）
- 英語力が高まった（3.3）・コミュニケーションや対人技能が高まった（3.3）
- 多様な考えを受け入れる力が高まった（3.3）
- 自分で考える力が高まった（3.2）
- 英語学習がより好きになった（3.0）
- 親しくなかった友と一緒に学ぶ気持ちが高まった（3.0）
- 授業や学校生活により安心して取り組めるようになった（3.0）

② 4校平均であまり高くなかった項目（同3未満）
- 学校がより好きになった（2.9）・自分への自信が高まった（2.8）
- 自分を信頼する気持ちが高まった（2.6）

③ 4校平均とB中学校の結果の開きから（B中平均がどの項目も約0.5高い）、「協同学習が有効に成立し、効果が高まる条件がある」のではないかということ。

このように協同学習を経験している生徒たちが多くの項目で効果を実感していることがわかります。③に関係する「協同学習が有効に成立し、効果が高まる条件」については、Ⅱのところで詳しく考察するようにします。

（3）協同学習についての生徒の意見（私の学校の2010年度の3年生）

2年生、3年生と2年間全校で協同学習（学び合い学習）に取り組んできた私の学校の3年生に意見を書いてもらいました。特徴的なものを紹介します。

【協同学習（学び合い学習）についての自由記述の意見】

◎良い点

◎学び合い学習では、"自分がわかる"だけでなく、"人に教える力"が伸びるので良いと思う。人にもその知識を分けられる。

グループで相談

◎自分のわからないところを教えてもらえ、課題を班全体で考えて、意見を出し合える。

◎いろいろな声、意見を聞けて、とても良いと思う。

◎自分と違う解き方、考え方がわかって良い。

◎わからないところがあっても、友達がわかるまで教えてくれるので、すごく助かる。知識の幅が広がるので、良いと思う。

◎楽しくみんなで"共同の学び"をつくりあげられる。

◎意見の交換ができ、意欲がわくので、学び合いにする機会がもっと増えると良い。

◎英語は、英文とかの書き方がわからない人が多いと思うから、一番学び合い学習にあっていると思う。

◎英語は苦手だから学び合いにしてくれるとすごくありがたい。一人だとできないけど、班のみんなとならできる。

◇課題

◇課題を早く終えたりすると、会話（私語）をしてしまうところ。

◇私語をしやすいところが課題・問題点だと思う。

◇1時間の中で何回も机を移動させるのがかなり大変。

◇やる気のない人とグループになった場合困る。いつも同じ人が教えている気がする。

◇勉強のできる人とあたったときはいいが、そうでないときは難しさがある。均等な班が必要。

◇学び合いをやる前に比べると少しわかるようになった気がします。やはり課題は"時間"です。もう少し増やしてほしいです。　　（波線は強調の意味で筆者）

（4） 英語授業での協同学習の効果

以上をまとめてみると、次のように言えるでしょう。

① **英語授業での協同学習の効果は**
- 全体授業だけでなく、ペアやグループによる支え合いがあり、学ぶ意欲が高まる。
- 学び方もよりアクティヴになり、学習にさらに積極的になれる。
- 仲間と関わる機会が増え、コミュニケーションや対人の技能も高まる。
- 低学力の生徒も授業に参加でき、高学力の生徒もより高い課題に挑戦するようになり、結果として学力（英語力、学ぼうとする力等）が高まる。
- 仲間との支え合いにより、授業がよりわかり楽しくなり、英語学習がより好きになる。
- 親しくなかった友と一緒に学び、多様な考えを受け入れる力も高まっていく。
- 友達と意見や表現を交流することにより、知識や考えを広げられる。

② **私自身が実感している効果では**
- ペアやグループでの学び合い、支え合い、交流があり、授業がよりわかり、楽しくなる。
- 全体授業とペア、グループの活動を組み合わせることにより、すべての生徒を学びに参加させられる。
- 導入前に比べ、生徒同士の関係も、生徒と教師の関係もずっと良くなる。
- 協同学習を効果的に取り入れることにより、英語学習好きをより増やすことができる。

③ **授業を進める上で課題となるのは**
- 協同学習がより効果をあげ、深い学びを実現するためには、検討すべき課題がいくつもありそうである。
- 生徒たちが「課題」としてあげていることからも学びながら、より工夫をしていくことが大切である。

英語授業での協同学習を進めるための基本的考えや協同学習で期待される効果はご理解いただけたでしょうか？ 全体での学びに加え、どこでペアやグループによる学び（活動や学び合い）を入れたら良いか考え、始めてみることをお勧めします。継続していく中で、きっといろいろな効果を実感していくと思います。

佐藤学氏が説明する協同学習の効果は第4章の中で紹介します。そちらからもぜひ学んでください。

Ⅱ 協同的学びをどう成立させ、学びの質を高めるのか？
～「主体的・対話的で深い学びをめざして」～

　英語授業での協同学習を進めるための理論的内容が続きます。「理論よりも具体的実践を」と考える人は第2章、3章の具体的実践を先に読んでいただいても良いと思います。しかし協同学習を進め、深めていこうとする場合に、とても大事な考察をまとめたものですので、その後にでもぜひしっかりと読んでいただきたいです。協同学習をより深めたい、学びの質を高めたい、また「主体的・対話的で深い学び」をめざそうと考えている方はこちらから読まれることをお勧めします。私自身の中学校や大学での実践、大学院時代からの研究やその後の学習も反映した内容になっています。お読みいただいて、ご意見等お寄せくださると嬉しいです。

1　英語教育の目的を考える

　Ⅰの2で私は、「英語教育の目的は人格形成と学力形成」と書きました。ここで英語教育の目的について考えてみます。目的をしっかりと把握して実践することが、授業の効果や質を考える上でも、「主体的・対話的で深い学び」を実現していく上でも非常に大事だと考えるからです。

（1）英語教育の目的は？

> 私は**英語教育の目的は次の2つが中心**だと考えています。
> ① **英語教育を通して、人格形成を進めること**。言語の背景にある世界の文化や生活、世界で起こっていること、課題等を学びながら、世界の人々と共生し、力を合わせて諸課題を解決していける人間に育てること。そのために人間性等も高めていく。
> ② **英語教育を通して、学力形成を進めること**。4技能の力を高め、英語を使える力を高めていく。そのために、知識・技能、表現力等を高めていく。また外国語と対比しながら母語である日本語への認識を深めていく。

　毎時間2つの目的を同じように追求するわけではありません。教材等によりそのときに達成しようとすることの違いは起きるでしょう。大事なことは、英語教育の長いスパンの中で2つを追求していくことです。

（2）この目的論の根拠

　この目的論の根拠として、4つのことをあげてみます。

① 学習指導要領では 「人格形成（人間教育）と学力形成」

中学校学習指導要領（平成29年）では次のように述べています[6]。小学校、高校でも同主旨です。

> 第1章　総則（第1　教育課程編成の一般方針から）
> 　平和で民主的な国家及び社会の形成者として，公共の精神を尊び，社会及び国家の発展に努め，他国を尊重し，国際社会の平和と発展や環境の保全に貢献し未来を拓く主体性のある日本人の育成に資することとなるよう特に留意すること。（学校の教育活動全体を通して行うと強調）
> 第2章　各教科　第9節　外国語
> 　外国語による聞くこと，読むこと，話すこと，書くことの言語活動を通して，簡単な情報や考えなどを理解したり表現したり伝え合ったりするコミュニケーションを図る資質・能力を育成することを目指す。
> 　　　　　　　　　　　　　　　　　　　　　　　　　　　　（波線は筆者）

人格形成にかかわる「主体性のある日本人の育成に資するよう特に留意すること」を学校の教育活動全体を通じて行うと強調しています。道徳の時間はもとより，各教科，総合的な学習の時間及び特別活動等において指導しなければならないとしています。英語科では第2章のみが強調される傾向にありますが、すべての教科において人格形成と学力形成の両方を追求すべきとしているのが学習指導要領の趣旨だと言えます。

② ユネスコの「中等学校の外国語教育に関する勧告」では

ユネスコ公教育会議（1965年）が、各国文部省に勧告した「中等学校の外国語教育に関する勧告59号」は次のように述べています[7]。

> （9）外国語教育はそれ自身が目的でなく、その文化的、人間的側面で、学習者の知性と人格を鍛え、よりよい国際理解と、市民間の平和的で友好的な協力関係の確立に貢献することに役立つべきである。
> 　　　　　　　　　　　　　　　　　　　　　　　　　　　　（波線は筆者）

ここでも、公教育における外国語教育の目的が、外国語技能の習得にとどまらず、学習者の知性と人格を鍛えることに役立つべきとしています。

③ 「外国語教育の四目的」では

1962年に日本教職員組合の全国教育研究集会（全国教研）の外国語教育分科会の討議の中で決められた「外国語教育の四目的」は次のようになっています。当時ほとんどの教員は組合に入っていたので（9割近く）、この分科会は全国の英語教員の代表が集まり、実践を交流し課題を確認し合う重要な場でした。そこで決められた「四目

的」はその後、1970年と2001年に改訂され、21世紀にふさわしい「外国語教育の四目的」として現在に引き継がれています。

> 【外国語教育の四目的】（第3次）
> 1　外国語の学習をとおして、世界平和、民族共生、民主主義、人権擁護、環境保護のために、世界の人びととの理解、交流、連帯を進める。
> 2　労働と生活を基礎として、外国語の学習で養うことができる思考や感性を育てる。
> 3　外国語と日本語とを比較して、日本語への認識を深める。
> 4　以上をふまえながら、外国語を使う能力の基礎を養う。

　以上のように、外国語（英語）教育のあり方を示す3つの文書とも、外国語（英語）教育を通して人格形成と学力形成の両面を追求すべきことを強調しています。このことは後に見る英語教育の教材の中身や、授業の質や深い学びを考える上でも大変重要な意味を持っていると言えます。

④ 草の根の英語教師が支えてきた人間形成的英語教育

　目的論に関わって三浦孝氏（2018）の考えを紹介します。

　「特に着目したいのは、70余年にわたって、お上からの奨励の無い中で、手弁当で人間形成的英語教育の実践研究を築き・後輩に伝えてきた、草の根の教師たちの地の塩的な働きである。日本の英語教育は彼らによって支えら

全体での授業

れてきたといっても過言ではない。実は学習指導要領は一貫して、英語教育を通した人間形成には無関心であったのだが、ようやく昨年発表の第8回改訂で、『教科等の目標と内容』の柱として、従来の『知識及び技能』と『思考力、判断力、表現力等』に加えて、『学びに向かう力、人間性等』を新たに加えることとなった。しかし、英語科に関しては、それが具体的にどのような力や人間性を意味するのかの展望が示されていないのは残念である」として、指導要領全体の新しい動きを評価するとともに、それに対応できていない英語科の動きに苦言を呈しています。

　さらに三浦氏は「外国語（英語）教育は、（略）、重要な人間形成的要素をしっかりと内包している。（略）これらの要素はAIではとって代われぬ人間固有の資質として、ますます重要性を増すであろう。（略）、みんなと協力して価値あることを成し遂げ、

夢を実現しひとかどの地球市民として育ちゆきたい。授業はそういう生徒に贈る、教師からのプレゼントである」と結んでいます[8]。

私もまったく同感です。英語教育の面では、「グローバル人材育成」の名のもとに英語力を高めるためだけの「改革」が続いています。「人間性を育てる」という面を抜きにした一面的な「改革」は決して良い結果を生まないでしょう。人格形成と学力形成の両方をめざす外国語（英語）教育を進めることで、21世紀を生きていく人間にふさわしい人格と学力を高めていくことこそが大切になるでしょう。そのための理論と実践の具体化が今日ほど求められている時代はないのではないでしょうか。

2　協同的学びを成立させる3要件とその具体化、学びの質の高め方

協同学習の効果的実践や学びの質を考える上で大切なのが佐藤学氏（2012）のいう「協同的学びを成立させる3要件」だといえるでしょう[9]。佐藤氏はすべての教科に共通するものとしていっていますが、この3要件がそろってこそ協同的学びが成立するとしています。さらに氏（2018）は「この3つの要件の成熟度が、その授業における学びの質を決定する」としています[10]。英語科で

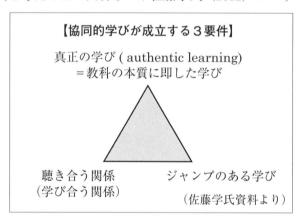

の協同的学びを成立させ、その質を高めるためには、これら3つの要素を「英語科の本質に即しながら」具体化し、高度化することが大切だといえます。以下に、私の考えを示してみます。

（1）聴き合う関係（学び合う関係）づくり

聴き合う関係づくりでは、次の点が大切になるでしょう。

---

① 教師は全体での授業とペア・グループの活動や学び合いを有効に組み合わせて授業を行う。生徒は一緒に取り組む中で、ペアやグループの仲間のことを理解し、互いに気遣う（ケアし合う）ことができるようになっていく。

② 1つの教科で実施しても関係はできるが、すべての教科で行われる方がずっと効果が高い。聴き合う関係づくりは人間関係づくりでもある。全校で取り組んでこそ、人間関係づくりがより進む。（p.12で紹介されているB中学校は全校で協同学習に取り組んでいる学校でした）

③「教え合う」のではなく、「学び合う」ことが大切。「わかった人は教えてあ

げて」ではなく、「わからなかったら自分から聞くんだよ」としつけ、自分から問題を解決する行動を励ますことが大切。わからない子ほど自分から聞けない傾向があるので、そんな場合には胡子美由紀氏（2015）の「共感的な声かけができる関係」[11]が必要になってくるだろう。

④ 協同学習を進める前提として、ペア、4人グループを作っておくことが必要。スムースに全体からペアやグループに、またその逆にも移行できなければならない。

（2）英語科としての真正の学び

協同的学びの成立や質に関係する大きな要素が英語科としての真正の学び（教科の本質に即した学び）と言えます。次の諸点を考慮することが大切でしょう。

① 英語教育の目的をふまえる（目的論）。教育の長いスパンの中で、また短期の授業の中で、人格形成と学力形成の両立を目的として授業を構成する。英語の技能を高めることを目標とするのは当然だが、それだけでは公教育とは言い難いであろう。

② 目的論をふまえ、学ぶに値する内容のある教材を使用する（教材論）。学習指導要領総則でもいわれている趣旨を生かし、国際理解、平和、環境、人権、愛、努力等を扱う質の良い教材を使い、協同学習的に学ばせる方法を工夫したい。また、ここでいうauthentic（真正な）とは、教科（英語科）としての真正性であり、必ずしも教材の真正性（原物に忠実な）を意味するものではないと考える。

③ 英語教育の方法を学び熟練する（方法論）。生徒同士の学び合う関係ができただけでは、協同的学びが効果をあげるとは限らない。英語教育としての理論や実践方法をどれだけ学び熟練しているかが問われることになる。協同的に学ばせる力と教科教育の力が両輪のように高まってこそ、質の高い授業ができると言えるだろう。

④ 英語科は学力差が大変つきやすい教科であることにも考慮が必要である。そのために、共有の課題を丁寧に扱うこと、また支え合って学ばせる工夫が大切である。

⑤ 英語科は活動やトレーニングを多く伴う教科であるため、どのペアやグループも有効に機能することが望ましい。活動に参加できないペアやグループが生じることがクラス全体に与える影響は、探究を中心とする教科以上に大きいといえるのではないか。そのため、ペア・グループの編成に工夫を加えても良いと考える。

⑥ 英語科でのペア、グループの組み方については、主に3通りの方法が考えられるであろう。江利川（2012）で根岸が紹介した方法を簡潔に記しておきたい[12]。

【グループ編成の主な方法】
　男女混合の4人グループを作ることは前提で、
A　教師が学力や人間関係を考え、多様なメンバーを入れて編成する方法。
B　近くに座っている4人ずつで教師がグループを作っていく方法。筆者自身はこの方法を使い、必要に応じて生徒の同意を得た上でメンバーを替えることがあった。またグループのまとめ役として、班長を決めていた。
C　クラス全体をペアリーダーとパートナーに分けて、人間関係を把握した上で教師がペアを作り、2つのペアを組み合わせて4人グループを作る方法。

それぞれの利点、欠点、そのほか詳しい情報については元の文を参照して、継続でき協同的学びを効果的に実現できる方法を工夫していただきたい。

（3）英語科でのジャンプのある学び

「英語科でのジャンプの課題設定が難しい」と良く言われます。教科書レベルの課題を共有の課題と言うのに対して、教科書以上の高いレベルの課題のことをジャンプの課題と一般的に言っています。次のようなことが言えるのではないでしょうか。

---

① 英語科でのジャンプの課題は、一人では到達しにくいが、仲間と支え合って初めて実現できる課題を設定し、そこに向けて協力して達成を目指すのが望ましい。やや高めの課題でも、協同的に学ばせ細かな手立てを尽くせば、達成可能なことがよくある。
② 英語科でのジャンプの課題を考える場合に、「難易度の面からの追求」と「内容のある教材を扱う」という面の2つの視点から考えるのが良いのではないかと私は考えている。難易度（英語力の面）と内容（認識の面）でのジャンプ、どちらも価値が高いと考える。「深い学び」の実現を考えると特に内容面での視点が大事になるのではないだろうか。「答えが一つにならず、多様で豊かな認識・表現をめざす課題」もジャンプにつながり得るだろう。
③ 学力差が大変つきやすい教科だけに難しさだけを追求し続けるのは「落とし穴」にもなり得る。まず共有の課題を丁寧に扱い、必要な活動を積み上げること、その上で支え合いながら（模倣や足場かけ等も使いながら）高い課題

に挑戦させることが必要。
④「個人学習（作業）の協同化」（個人でやっても良い課題を、グループを作り聴き合いながら実施させる）も有効。例えば、自己表現（課題作文）を書かせるときにもグループを作って、聴き合ってやらせると、ほぼ全員が書けるようになる。
⑤高い課題があってこそ、生徒たちは本気になるし、生徒同士も力を合わせ、つながっていくことも付け加えておく。

3　「知性を育てる英語授業の原則」

　近年、学びの質や「主体的・対話的で深い学び」実現に関係すると思われる研究や実践が行われています。三浦孝氏らが立ち上げた「生き方が見えてくる高校英語授業改革プロジェクト」もその一つでしょう。その研究に基づき、三浦氏（2016）らが提案する「知性を育てる英語授業の8つの原則」の中から紹介します[13]。

個人学習の協同化

　「ここ数年の英語教育界は、『英語の授業は英語で行うことを基本とする』の文言のみに反応し、『使える』英語力を伸ばす技法にばかり目を奪われて、知性を育てることを軽視している。本書はこのような状況に対して、知性・論理性を育てる具体的なプロセスと教材を提案しようとする」として、「高校・大学の普段の授業で知的・論理的英語力を育てるための8つの指導原則」を提案していますが、中学校での英語授業にも応用できる原則だと思います。

（1）繰り返し味わうに足る、内容・英文ともに豊かな教材を用いる。質的に高い英文を用いて、内容面から知的啓発をはかり、同時に生徒を優れた英文モデルにふれさせるため。

（2）教材を深く読むためには、書かれた情報を正確に取り出すだけではなく、読み取った内容について考えや態度をまとめていく。教師は「事実発問」（テキストに明示されている情報だけで答えられる発問）に加えて、「推論発問」（明示されていない事柄を推測することが必要な発問）と「評価発問」（書かれた内容に対する読み手の考えや態度を答えさせる発問）を効果的に用いる必要がある。

(3) リスニングやリーディングの自己目的化を防ぎ、目的を持って聞く・読むという自然な聴解・読解を成立させるために、各単元に「頂上タスク」（単元の最初から生徒に提示し、達成を目指させる課題）を設ける。

(4) 聞き・読んだ物語文や記事について、生徒が感想や意見を出し合う。教材を深く咀嚼し、そこから何が学べるかを出し合う知的・対人的交渉のプロセスになる。

(5) 扱った論説文について、生徒が疑問・意見・対案等を出し合うプロセスを設ける。

(6) 教材に関して調べ学習の機会を与え、（略）、その結果を発表し合い、学びの共同体、社会性育成、自律的学習の機会とする。

(7) 意味ある課題を通して、重要文法事項を spiral 的に学べるようにする。

(8) 意見交流活動で生徒から発せられる感想・意見・対案等に対して、教師は常に中立的司会者として反応する。どのような生徒の声も class discussion への重要な貢献として positive に受け止め、考える材料としてクラスに還元し、さらなる discussion を生むように取り計らう。

　これらの提言は、「テキストの英文内容と文法事項の理解」だけに終わってしまいがちな英語授業をさらに先に進める方向を示しています。協同学習に関する理念を大事にして質の高い学びを実現し、「知性を育てる原則」も取り入れていく方向に、「主体的・対話的で深い学び」を実現していく道筋があるように思います。

4　考察のまとめ

　以上、協同的学びを成立させる要件の具体化と学びの質を高めるための考察、「知性を育てる原則」を確認してきました。英語授業で質の高い学び、「主体的・対話的で深い学び」を実現するために大事だと思う点をまとめてみます。

(1) 英語教育の目的を考えて、英語授業で人格形成と学力形成の両方をめざすことが大切。

(2) 人格形成と学力形成の両方が進められるよう、内容・英文ともに教材の質が問われるべき。

(3) 協同的学びを成立させ、学びの質を高めるためには、協同的学び成立のための3要件（聴き合う関係、教科の本質に即した学び、ジャンプのある学び）を具体化し、さらに高度化する（習熟させる）ことが大切。

(4) 聴き合う関係づくりのためには、「教え合い」ではなく、「学び合う関係」

づくりが大切。自分から聞かせる。
（5）教科の本質に即した学びのためには、目的論、教材論をふまえ、方法論にも熟達することが必要。
（6）ジャンプのある学びを追求してこそ、生徒を本気にさせ、生徒をつなげ、英語力（学力）も高めていくことができる。
（7）各単元に頂上タスクを設けると良い。また教材を深く読むためには「事実発問」「推論発問」「評価発問」を効果的に用いる必要がある。
（8）「21世紀型の教育」ともいうべき「質の高い学び」が英語授業でも求められている。内容豊かな教材を協同的に学ばせてこそ、「質の高い学び」が実現していくと言える。
（9）学びの共同体研究会が一貫して追求してきた「質の高い学び」と、文科省が提起している「主体的・対話的で深い学び」は深く関わっていると言えるのではないか。この関係は、Ⅲの「改訂学習指導要領の前進面と課題」でさらに検討していきたい。

　以上、協同学習を成立させ、学びの質を高めるために重要だと思う点をまとめてきましたが、具体的実践の方法は扱う教材や生徒たちの実態、条件等に合わせて、多様に考えられることを付け加えておきます。

ここでちょっと 休憩！

　ずっと頭を使ってきましたので、少し休憩を入れます。次の中国語は英語で何というでしょうか？　もし近くに人がいたら、一緒に（協同的に）考えてみてください。

1	謝謝：シェシェ	（	）
2	早安：ツォーアン	（	）
3	晩安：ウォンアン	（	）
4	幸會！：シンホィ	（	）
5	您貴姓：ニングイシン	（	）
6	不明白：ブーミンバイ	（	）
7	我是日本人：ウォーシュッリューベンレン	（	）
8	現在幾點鐘呵？：シェンザイジーディエンチョンア	（	）
9	我從東京來的：ウォーツォンドンジンライダァ	（	）

(答えは p.30)

Ⅲ　改訂学習指導要領の前進面と課題

　改訂学習指導要領は、小学校が2020年度（平成32年度）から、中学校が2021年度（同33年度）から、高校が2022年度（同34年度）から年次進行で、それぞれ本格実施されることになり、行政も学校も準備を進めています。
　大いに論議を呼んでいる改訂学習指導要領ですが、大きく2つの特徴を持っていると言えるのではないでしょうか。これまでの指導要領と比べて評価できる面と特に英語科での大きな課題・問題点と考えられる面です。

1　『新しい学習指導要領の考え方』…… 評価できると考えられる面

　改訂指導要領の中で注目したい内容を抜き出してみます。文部科学省ホームページの「新しい学習指導要領の考え方」からです[14]。

> （1）子供たちが未来社会を切り開くための資質・能力を一層確実に育成。知識の理解の質をさらに高め、確かな学力を育成。豊かな心や健やかな体を育成。(p.14)
> （2）知識の理解の質を高め資質・能力を育む「主体的・対話的で深い学び」。「何のために学ぶのか」という学習の意義を共有しながら、授業の創意工夫や教科書等の教材の改善を引き出していけるよう、全ての教科等を、①知識及び技能、②思考力、判断力、表現力等、③学びに向かう力、人間性等の三つの柱で再整理。(p.14)
> （3）我が国の教育実践の蓄積に基づく授業改善。これまでの教育実践の蓄積に基づく授業改善の活性化により、子供たちの知識の理解の質の向上を図り、これからの時代に求められる資質・能力を育んでいくことが重要。(p.19)
> 　　　　　　　　　　　　　　　　　　（波線は強調の意味で筆者）

2　アクティヴ・ラーニングから「主体的・対話的で深い学び」へ

　今回の学習指導要領では文科省は、それまで推奨していたアクティヴ・ラーニング（教員による一方的な講義形式の教育とは異なり、学修者の能動的な学修への参加を取り入れた教授・学習法の総称、中教審答申「用語集」、2012年）という言葉でなく、より明確な視点を示して、「主体的・対話的で深い学び」を推進することをすべての教科に求めています。

> **（1）主体的な学び**
> 　学ぶことに興味や関心を持ち、自己のキャリア形成の方向性と関連付けながら、見通しを持って粘り強く取り組み、自己の学習活動を振り返って次につなげる「主体的な学び」。
> **（2）対話的な学び**
> 　子供同士の協働、教職員や地域の人との対話、先哲の考え方を手掛かりに考えること等を通じ、自己の考えを広げ深める「対話的な学び」。
> **（3）深い学び**
> 　習得・活用・探究という学びの過程の中で、各教科等の特質に応じた「見方・考え方」を働かせながら、知識を相互に関連付けてより深く理解したり、情報を精査して考えを形成したり、問題を見いだして解決策を考えたり、思いや考えを基に創造したりすることに向かう「深い学び」。(p.22)

　文科省視学官として指導要領改訂に携わってきたという田村学氏（國學院大学、2017）は、「生きて働く『知識・技能』、未知の状況にも対応できる『思考力・判断力・表現力等』、学びを人生や社会において生かそうとする『学びに向かう力・人間性等』を1人1人の子供に育成していくことが求められている」として、「主体的・対話的で深い学び」実現の意義を強調しています[15]。

　「アクティヴ」が独り歩きして表層的な活発さのみが強調されたり、特定の方法が求められたりすることを避け、より明確にし、「主体的」「対話的」に学び、それを「深い学び」につなげる視点を示したことはとても大事だと思います。これからの時代に求められる「21世紀型の学力」を身に付けさせようとしているとも言えるのではないでしょうか。

3　英語科としての「学びに向かう力、人間性等」の考察

　中央教育審議会答申（2016年）が提言した3つ目の柱である「学びに向かう力、人間性等」について、松沢伸二氏（新潟大学、2017）は、「小中高の外国語の学習指導要領は『外国語の背景にある文化に対する理解を深め、聞き手、読み手、話し手、書き手に配慮しながら、主体的にコミュニケーショ

ペアでのインプット活動

ンを図ろうとする態度を養う』(中学校)として、その『目標』を示しましたが、その『内容』を示さなかった」としています[16]。体育などの他教科では「学びに向かう力、人間性等」の「内容」も示しているということです。

　同論文の中で三浦孝氏(静岡大学)は英語教育が育てたい「人間性等」の内容を考察し、日本でこれまで広く指摘されてきた英語教育の人間形成的要素には、(a) 異文化理解・異文化適応力の育成、(b) 授業中のコミュニケーション活動を通じての社会性の育成、(c) 教材内容を通じての世界的な視野の広がり、(d) 言語の仕組みに内在する対人交渉文化の学び、(e) 他言語使用による精神的・社会的自由の拡大をあげ、「これら人間形成的要素は、英語授業の中に内包されているが、教師が意識してまず自らがそれを学習し、授業案に組みこんで初めて学習されるものである」としています。(波線は筆者)

　英語教育が育てたい「人間性等」の内容を具体的に提言し、それらを育てる英語教育の重要性を強調される三浦氏らの意見に私も賛成です。こうした「人間性等」の「内容」が示されてこそ、英語科としての「主体的・対話的で深い学び」の特に「深い学び」のめざすべき方向が見えてくるように思います。

4　英語教育の早期化・超高度化 …… 課題だと考える面

　英語科での改訂のもう一つの特徴(大問題ともいうべき)は英語教育の「早期化、超高度化」だと言えます。改訂の要点を見てみましょう。

(1) 小学校英語の早期化・教科化
　① ３，４年生で週１コマの外国語活動を新設。
　② ５，６年生で週１コマ＋15分×3を教科として授業を実施。
　③ 内容は現在の中学１年生のレベルの学習を行う。学習単語は600〜700語。
　④ 授業をするのは小学校の担任を中心にして、ALTや外国語を使える人の援助を得て行う。
(2) 中学校英語の高度化
　① 今の中２レベルからスタート。
　② 扱う単語は、小学校の600〜700語に加えて新語1,600〜1,800語、合計2,200〜2,500語に。現行1,200語(中学校で学ぶ単語数)の２倍に。
　③ それまで高校で習っていた現在完了進行形や仮定法も習う。
　④ 中学校でも「授業は英語で行うことを基本とする」を実施。
(3) 高校英語の大幅レベルアップ
　① 四技能統合型「英語コミュニケーションⅠ・Ⅱ・Ⅲ」＋スピーチ・プレ

> ゼンテーション・ディベート・ディスカッション中心の「論理・表現Ⅰ・Ⅱ・Ⅲ」に。
> ② 発信力強化の言語活動（発表、討論・議論、交渉等）を充実。
> ③ 語彙　高校段階で1,800〜2,500語の語彙習得を目標とし（現行は1,800語）、高校卒業段階では合計4,000〜5,000語（現行は3,000語）を目標としている。
> ④ 「授業は英語で行うことを基本とする」
> ⑤ センター入試廃止、民間試験導入の方向　　　（江利川春雄氏資料より[17]）

　子供たちの学びの実態を反映していない語彙数や文法の学習、学術的根拠に基づかないとも言える英語教育の早期化や「授業を英語で」の実施[18]、これらは学校現場にいくつもの混乱や困難をもたらすように思います。何よりも心配なのは、子供たちが早くから英語を学ぶことを諦めてしまうことです。現在でも中学入学時に「英語は苦手」「嫌い」という子供たちが少なくありませんが、その傾向はさらに強まる可能性があります。特に大変なのは免許も持たずに担当しなければならない方が多い小学校での英語教育だと思います。また中学・高校での授業内容の高度化の中で、中学・高校・大学生の学力差が大きくなり、「英語が苦手」「嫌い」という生徒が増えてくる可能性が大いにある中で対応していかなければならないと思います。

5　改訂学習指導要領への対応

　改訂学習指導要領にどう対応したらよいのか、私の提案を書いてみます。

> （1）「主体的・対話的で深い学び」をめざすとする前進面と早期化・超高度化という大きな問題点・課題の両方を見る必要があるでしょう。
> （2）英語授業を通して、「主体的・対話的で深い学び」を保障していく取り組みを推進していく必要があります。21世紀を担っていく子供に、生きる力となる質の高い学びを保障していく、また英語科という教科の特質を生かした学びをどう実現していくかが大切になります。
> （3）内容もあり、優れた英語の教材を使い、協同学習的に有効に学ばせてこそ、「主体的・対話的で深い学び」が実現できると言えるのではないでしょうか。
> （4）早期化・超高度化により、低年齢のうちに英語学習を諦めてしまう子供を出さないようにする視点・工夫が大切になってきます。中学、高校、さらに大学段階でも、英語学習を「諦めてしまっている子供たち」に学ぶ喜びを取り戻させる取り組みがより必要になるでしょう。そうした子供たちを含め、すべての子供たちに外国語（英語）を学ぶ喜びと質の高い学びを保

> 障する取り組みがこれまで以上に大切になってくるでしょう。
> （5）「主体的・対話的で深い学び」を実現していく上でも、諦めそうになる子供たちの意欲を支えていくためにも、協同学習が力を発揮していくことになるでしょう。それらに対応できるようにするためにも、英語授業での協同学習の研究・推進が大切になります。さらにそれを促進する意味でも全校での協同学習の推進を追求していけると良いでしょう。

　これまで述べてきたことに留意して実践を具体化できてこそ、協同的学びの質を高め、「主体的・対話的で深い学び」の実現につなげていけると考えます。第2章以降に書く私の実践は、以上述べてきたことの具体化をめざした一つの実践例になっていると考えています。「すべての生徒に学びを保障」し、「主体的・対話的で深い学び」の実現をめざして、多様な実践を交流し、教師自身が学び合っていきましょう。

Ⅳ　グループ学習の3類型と本書で扱う協同学習

　本書で中心的に扱う協同学習の種類について触れておきます。佐藤学氏（2014）は、日本におけるグループ学習には3つの類型があるとしています[19]。
（1）班学習と呼ばれる「集団学習」＝集団主義（Collectivism＝集産主義）の伝統。（1930年代から1960年代）。
（2）協力学習（Cooperative learning）による「話し合い」学習。アメリカでも日本でも最も普及している（Johnson & Johnson, Slavin）。
（3）協同的学び（Collaborative learning）（Vygotsky, Dewey）。学びの共同体における協同的学びは、ヴィゴツキーの発達最近接領域の理論と、デューイの民主主義と対話的コミュニケーションの理論を基礎としている。

　本書で協同学習という場合、学びの共同体における協同学習（Collaborative learning）を中心に論じています。私自身、3つのグループ学習について学び実践を試みてきましたが、学びの共同体の協同学習から学ぶことが大変多く、特に公立の中学校などで実践していく場合に最もやりやすく、効果も高いと考えているからです。

　いろいろな研究会に参加していて、「協同学習というとジグソー」と考えて、「ジグソーを目的化している」かのような実践に出会うことが時々あります。大学などのように一定レベルの学生がそろっているような場合は別かも知れませんが、特に公立中学校などの場合、かなり時間をかけて準備して取り組んでも、満足いく成果が上がらなかった報告を受けることがあります。山崎寛山氏（2018）はジグソーを成功させるために相当な準備をして取り組みましたが、「時間を取った割に効果が少ない。もっ

と短い時間で効率良く、生徒が継続して学べる授業にしたい」として、「別の活動を行うようになった」ことを報告しています[20]。Cooperative learning の代表的実践とも言えるジグソーですが、それを「目的化する」ようなやり方はせずに、もっと身近なところから協同的な取り組みを積み上げていくのが良いと考えています。

参考文献

0）根岸恒雄（2016）「英語科授業での協同的学びの質を高めるための考察と実践」埼玉大学教育学部附属教育実践総合センター紀要 第15号（p.113～120）本書資料に所収。本書の理論・実践は同論文の内容を発展させる形で書かれている部分が多くあります。

1）江利川春雄（2012）『協同学習を取り入れた英語授業のすすめ』大修館書店（p.6）

2）根岸恒雄（2013）『英語教育４月号』大修館書店（p.26）

3）佐藤学（2012）『学校を改革する—学びの共同体の構想と実践』岩波書店（p.35）

4）岩田好司（2011）「外国語教育と協同学習—原理と援用—」久留米大学紀要（p.4～5）

5）根岸恒雄（2016）「外国語学習者への協同学習の効果—作文力と学ぶ意欲に関して」埼玉大学・修士論文（p.11）

6）文部科学省（2017）「中学校学習指導要領」

7）江利川春雄（2012）ブログ「希望の英語教育へ」（９月26日）から引用

8）三浦孝（2018）「人間形成的外国語（英語）教育の系譜と将来」『新英語教育』９月号（p.7～10）

9）佐藤学（2012）同上（p.33）

10）佐藤学（2018）『学びの共同体の挑戦—改革の現在—』小学館（p.115）

11）胡子美由紀（2015）講座「協働学習とTEEで生徒を英語大好き、アクティブにする授業マネジメント」

12）根岸恒雄（2012）『協同学習を取り入れた英語授業のすすめ』（p.208～209）

13）三浦孝（2016）『高校英語授業を知的にしたい』研究社（p.7～9）

14）文部科学省（2018）「新しい学習指導要領の考え方」文部科学省ホームページ（p.14～22）

15）田村学（2017）「学習指導要領改訂　主要キーワード解説１　教育一般」『英語教育』８月号（p.11）

16）松沢伸二（2018）「新学習指導要領の『学びに向かう力、人間性等』を英語教育はどう構想すべきか」『英語教育』８月号（p.34）

17）江利川春雄（2017）講演「生徒の主体的学びを育む実践力UP講座」ELEC英語教育研修会資料

18）久保田竜子（2018）『英語教育幻想』筑摩書房、バトラー後藤裕子（2015）『英語教育

は早いほど良いのか』岩波書店、ガイ・クック（斎藤兆史他訳）（2012）『英語教育と「訳」の効用』研究社

19) 佐藤学（2014）講演資料「学びの共同体　課題と改革」学びの共同体研究会・冬の合宿研究会

20) 山崎寛山（2018）報告「協同学習のための準備と帯活動」新英語教育研究会全国大会第6分科会

5の「ここでちょっと 休憩！」の答え

1 Thank you.　　2 Good morning.　　3 Good night.
4 Nice to meet you.　　5 What is your name?　　6 I don't know.
7 I am Japanese.　　8 What time is it now?　　9 I am from Tokyo.

第2章

英語授業での協同学習（実践編Ⅰ）
（授業方針、帯活動、教科書活用、音読、自己表現他）

Ⅰ 私の授業方針

　私の授業方針と具体的授業実践を紹介します。

A 英語教育の目的と私の授業方針

　第1章の英語授業での協同学習（理論編）でも書きましたが、私は英語（外国語）教育の目的は人格形成と学力形成が中心だと考えています。

> 英語（外国語）教育の目的は次の2つが中心
> （1）**英語教育を通して、人格形成を進めること。**言語の背景にある世界の文化や生活、世界で起こっていること、課題などを学びながら、世界の人々と共生し、力を合わせて諸課題を解決していける人間に育てること。そのために人間性などを高めていく。
> （2）**英語教育を通して、学力形成を進めること。**4技能の力を高め、英語を使える力を高めていく。そのために、知識・技能、表現力などを高めていく。また外国語と対比しながら母語である日本語への認識を深めていく。

　生徒たちに楽しく学ばせる中で、人格形成と学力形成の両方を進めていきたいと考え、「人間教育としての"英語楽習"」をめざして実践してきました。コミュニケーション能力を高めるのは大切なことですが、より大切なのはコミュニケーションの中身でしょう。21世紀を生きていくのにふさわしく、世界の人々と平和的に力を合わせ、諸課題を解決するために努力する人格と学力を育てていきたいものです。そのために、「わかり」「楽しく」「深い」学びをめざし、学ぶに値する内容のある教材を使い、協

同学習的に学ばせるように努めてきました。

上記の目的と世界の状況を踏まえた私の授業方針は次のことでした。

> （1）わかる、楽しい、仲間と、表現できる。これは、どういう授業形態であっても、求めていきたいと考えていることです。
> （2）世界と出会う：交流、平和、環境、人権、愛、努力、勇気など。
> （3）豊かな活動と深い学び：内容のある教材を協同学習的に扱い、深い学びを実現していく。
> （4）生徒とつながり、生徒をつなぐ：すべての生徒をケアし、ケアする関係を広げていく。

こうした授業方針に基づくさまざまな具体的取り組みを紹介していきます。これらの取り組みは、新しい学習指導要領の言葉で言えば、「主体的・対話的で深い学び」の実現をめざす取り組みでもあったと考えています。

B 授業開きと4人グループ作り、ペアの確認

私は中学校での授業開きを2回に分けて行っていました。詳しいやり方や資料については前著『楽しく英語力を高める"あの手この手"』に載せていますが、ここでは内容を確認し、これからの授業で不可欠になる4人グループ作り、ペアの確認を中心に述べることにします。

1　授業開き（1時間目）

（1）Greeting. あいさつの仕方を教え（確認し）、練習。
（2）Calling students' names. 英語で呼名し、英語で答えさせる。答え方を評価し、褒めながら進める。時には生徒の名前を間違った読み方で呼名し、笑いを誘うことも。
（3）Questions about Mr. Negishi. 英語で Interaction をはかりながら自己紹介をします。Mr. Negishi についての7つの Question と各4つの選択肢を用意しておいて、選んで答えさせ、生徒の答えに関係させながら自分に関わることについて詳しく語っていきます。Quiz 形式なので楽しく、15分でも20分でも英語をずっと聞かせられます。大変お勧めの自己紹介法です。私は大学の授業でもこの方法で自己紹介をしていますし、英語授業に関する講座やワークショップを担当する場合にもこの方法を使うことが多いです。

　ここまで書いてきましたので、参考までに大学生向けの最新（2018年度）の

Questions about Mr.Negishi のハンドアウト（プリント）（資料2-1）を示します。この方法は中学2年生以上なら十分に使えると思います。

ちなみに、各 Question への正解は、No.1は3，No.2は4，No.3は1，3，4 No.4は4，No.5は3，No.6は2，4です。私の年齢については、実際より若く答えてくれる学生が多く、内心喜んだりしています。私の誕生日についての質問が最も難しいと思うし、学生は 'That's none of my business' と思うかもしれませんが、'Just a quiz!' と言ってやってもらっています。誕生日の選択肢は、1）は私の次女、2）は妻、3）は私、4）は長女、5）は長女の夫、6）は長女の子（初孫）の誕生日です。6月生まれが多く驚かれます。

この方法については英語科教育法を学ぶ学生の中にも「とても参考になった」と感想を書いてくれる人がいます。

(4) Introduction of April's song. 最後の20分ほどで4月の歌の導入をします。明るい愛にあふれた歌で、Carpenters の "Top of the world", Celtic Woman の "You Raise Me Up", Dreams Come True の "Love Love Love" の英語版などを扱うことが多いです。最近の歌では、Shakira の "Try Everything"（映画『ズートピア』の主題歌）なども良いのではないでしょうか。歌の導入の方法は「簡潔版 Reading-Listening 方式」（第3章参照）です。

(5) ハンドアウトを綴じるファイルを配布するなど、実務的なことをします。

簡潔にしか紹介できませんが、以上が第1時間目です。楽しい雰囲気の中で、「今年は楽しく、力を高める学習ができそうだ」と思ってもらえると良いと思っています。

付け加えですが、大学の授業開きでは Questions about Mr.Negishi の活動の後に、Happy Communication（パピコミ）の活動をやっています。この活動についてはⅡの帯活動のところで詳しく紹介しますが、今中学生に教えるとしたら必ずハピコミをやると思います。英語で自己紹介をし、楽しく交流しながらお互いを知ることができ、とても良い仲間づくりにもなるからです。

2　授業開き（2時間目）

2時間目には4つのことをやります。

(1) 立って歌を歌います。ファイルにはさんだ歌詞プリントを前に持って、声が前向きに出るようにさせます。

(2) 4人グループ作り、ペアの確認

① グループの作り方は3通りほど考えられますが（第1章のⅢの2を参照）、中学校ではほとんどの場合、私はクラスで決まっている席を使い、近くの4人ずつでグループを作りました。始めるのに最も手間がかからないからです。教師

資料2-1

☆ Questions about Mr. Negishi, 2018 ☆

Name_____

No. 1   Where was Mr. Negishi born?   (Choose one.)

    1) Chiba   2) Saitama   3) Gunma   4) Tokyo

No. 2   How old is Mr. Negishi?   (Choose one.)

    1) 49   2) 54   3) 59   4) 64   5) 69

No. 3   Which universities will Mr. Negishi teach this year?   (Choose three.)

1) Chiba University of Commerce
2) Tokyo University of Education
3) Surugadai University
4) Gunma Prefectural Women's University
5) Saitama University

No.4   Which countries did Mr. Negishi visit in March this year?   (Choose one.)

1) Australia and New Zealand   2) The US and Canada
3) China and North Korea   4) Switzerland and France

No.5   When is Mr. Negishi's birthday?   (Of course, choose one.)

1) February 17th
2) June 3rd
3) June 7th
4) June 8th
5) June 9th
6) September 24th

No.6   What are Mr. Negishi's dreams?   (Choose two.)

1) To live in Switzerland
2) To climb 100 famous mountains in Japan
3) To have 10 grandchildren
4) To visit many foreign countries

今日のポイント

／9P

No.7   What are your dreams?   1 correct answer=1 point

My dreams are_____.

が「この4人でグループ1、この4人でグループ2…」のように割り振り、たいていの場合は班長を互選させます。ジャンケンでなく、「まとめ役になれる人」を相談して決めさせます。

実際にグループを作り、前の両隅のグループは机を斜めにさせ、全員が黒板を見られるようにさせます。班学習がやりやすくなるように細かいところにも気をつかいます。全体（一斉）からグループへ、グループから全体へ、「はい、5秒で移動。Ready, go!」のように練習をします。

大学の授業でのグループ作りは、春学期には出席番号順で席を決め、グループを割り振り、役割分担をしてもらいます（班長、教材係、庶務、まじめにやらせる係など）。秋学期にはくじで席を決め、同じようにします。もちろん、学生たちに趣旨を話し、承諾を得てやっています。これまでどの大学でもとても協力的です。

② 3種類のペアを確認します。全体授業（全校で協同学習に取り組んでいたときはコの字型の席）の形で、横がAペア、縦がBペア、自由な人とがCペアとします。男女が「市松模様」の座席になるように座っていましたので、AペアもBペアも異性になりました。

（3）自己紹介書き（時間がなければカットします）

ハンドアウトを用意し、教師の自己紹介を参考に自分の自己紹介を書かせます。グループを作らせ、「10分間で自己紹介を書こう。わからないところは遠慮なく友達に聞こう！」と呼びかけます。最初のグループ活動です。書くことは全体授業でやらせると書けない子がいますが、グループを作り、聞き合いながらやらせるとほとんどの生徒が書けるようになります。各グループ、個人の動きを見て、その後の対応を考えます。

（4）学び方の指導

いよいよ学び方の指導です。ずっと前には1時間目にやっていましたが、学び方から入るのは「重くなりすぎる」ように感じて、2時間目にまわすようになりました。英語上達のためには、「意味のわかった文を音読・筆写する」「重要文、重要表現・単語を覚える」などを要請することになるからです。

パワーポイントやハンドアウトを使いながら、次の点を説明していき、大事なところには下線引きや印をつけさせます。

① 教師がめざす5つの目標
ア．わかる・楽しい　イ．仲間と学ぶ　ウ．世界が見える　エ．表現できる
オ．力が高まる

②英語上達の秘訣
　　ア．夢・目標を持とう　　イ．毎日30分の学習をめざそう
　　ウ．「意味がわかった文・表現・単語を音読と筆写」して力を高めよう
　　エ．英語で自分に関することを表現しよう
　　オ．実際に英語を使う機会を持とう
③予習でやること
　　ア．新出単語と意味をAノート（授業用ノート）に書き、5回書いて練習する
　　イ．本文をAノートに1回書く
④授業中（略）
⑤復習でやること
　　ア．本文、単語の意味を確認
　　イ．本文を何回も音読し、大事な文、表現、単語を書いて覚える
　　ウ．結果を学習記録表に記入しておく

Ⅱ　仲間と楽しく、表現力・作文力アップの帯活動

　私はどの学年も帯活動（Warm Up）を行ってから中心の学習に入るようにしています。やりたいことがたくさんあるので、時機を設定して活動したり、ローテーションでやったりして、2つくらいの活動をやるようにしています。帯活動のねらいとしては、①授業を盛り上げ、②楽しく学べ、③仲間と交流でき、④表現力や英語力を高めるなどを考えて実施しています（ビンゴゲーム、スマイル・インプット、日常会話などについては『世界が見える"英語楽習"』『楽しく英語力を高める"あの手この手"』で詳しく説明しています）。

A Happy Communication（ハピコミ）はぜひお勧め！

　Happy Communicationは阿原成光氏が考え出し、東京新英研の人たちが全国に広めた活動かと思います。私が実践を始めたのは中学校教師を退職後で、各地での講座・ワークショップや大学の授業で実践していますが、中学や高校でも大いに勧めたい活動です。楽しく英語で自己表現でき、協同学習で大事な学び合う関係づくりにもとても有効だからです。いくつかのヴァージョンがあるかと思いますが、ここで紹介するのは私のやり方です。

　ハピコミの第1回目は次のようにやります。
1　班を作らせ、ハンドアウト（資料2-2）を配る。

資料2-2

☆ Happy Communication ☆
★英語で自己紹介をしよう！　　　Topic:　My Self-Introduction

1. Hi. My name is (Negishi Tsuneo).　　「自分の氏名」
2. Please call me (Mr. Negishi or Tsunesan).　　「呼んでほしい名前」
3. I live in (Kumagaya City, Saitama).　　「住んでいる所/県」
4. I like (sushi and udon).　　「好きな食べ物2つ」
5. Nice to meet you. How about you?　　（先の人）
   Nice to meet you. Thank you.　　（後の人）

\<Task\>
1. 上の例を参考に、自分を紹介する英文を5つ作り，下の番号のところに書きなさい。
2. パートナーに英語で自己紹介をしなさい。
   ルール:ジャンケンで勝った方が先、負けた方が後
   Eye-contact!　Smile!　聞いている側は Reaction!　反応を英語で！
   Really!　Great!　I see!　Awesome!　OK!　Me too!　などを使って。
3. 教室を回って相手を探し、見つかったらジャンケンをして勝ち負けを決め、お互いに自己紹介をする。終わったら "Good job!" と言いながら、High Five（ハイタッチ）する。また次の人を探します。5分間でできるだけ多くの人と会話し Friends になります。一人1ポイントです。この用紙とペンを持って、Ready, Go!

\<Activity\>
　　　　Topic:　My Self-Introduction
1.＿＿＿＿＿＿＿＿＿＿＿＿＿＿＿＿＿＿＿＿＿＿＿＿＿＿＿＿＿＿＿＿＿＿
2.＿＿＿＿＿＿＿＿＿＿＿＿＿＿＿＿＿＿＿＿＿＿＿＿＿＿＿＿＿＿＿＿＿＿
3.＿＿＿＿＿＿＿＿＿＿＿＿＿＿＿＿＿＿＿＿＿＿＿＿＿＿＿＿＿＿＿＿＿＿
4.＿＿＿＿＿＿＿＿＿＿＿＿＿＿＿＿＿＿＿＿＿＿＿＿＿＿＿＿＿＿＿＿＿＿
5.＿＿＿＿＿＿＿＿＿＿＿＿＿＿＿＿＿＿＿＿＿＿＿＿＿＿＿＿＿＿＿＿＿＿
★終わったら相手のサインを順番に書いてもらおう
1.＿＿＿＿＿＿＿＿＿＿＿＿＿＿＿＿＿＿＿＿＿＿＿＿＿＿＿＿＿＿＿＿＿＿
2.＿＿＿＿＿＿＿＿＿＿＿＿＿＿＿＿＿＿＿＿＿＿＿＿＿＿＿＿＿＿＿＿＿＿
3.＿＿＿＿＿＿＿＿＿＿＿＿＿＿＿＿＿＿＿＿＿＿＿＿＿＿＿＿＿＿＿＿＿＿
4.＿＿＿＿＿＿＿＿＿＿＿＿＿＿＿＿＿＿＿＿＿＿＿＿＿＿＿＿＿＿＿＿＿＿
5.＿＿＿＿＿＿＿＿＿＿＿＿＿＿＿＿＿＿＿＿＿＿＿＿＿＿＿＿＿＿＿＿＿＿
6.＿＿＿＿＿＿＿＿＿＿＿＿＿＿＿＿＿＿＿＿＿＿＿＿＿＿＿＿＿＿＿＿＿＿
7.＿＿＿＿＿＿＿＿＿＿＿＿＿＿＿＿＿＿＿＿＿＿＿＿＿＿＿＿＿＿＿＿＿＿
8.＿＿＿＿＿＿＿＿＿＿＿＿＿＿＿＿＿＿＿＿＿＿＿＿＿＿＿＿＿＿＿＿＿＿
9.＿＿＿＿＿＿＿＿＿＿＿＿＿＿＿＿＿＿＿＿＿＿＿＿＿＿＿＿＿＿＿＿＿＿
10.＿＿＿＿＿＿＿＿＿＿＿＿＿＿＿＿＿＿＿＿＿＿＿＿＿＿＿＿＿＿＿＿＿

〈感想〉活動をしての振り返りを一言：

＿＿＿＿＿＿＿＿＿＿＿＿＿＿＿＿＿＿＿＿＿＿＿＿＿＿＿＿＿＿＿＿

|　／ポイント　|

No.＿＿＿＿＿＿　Name＿＿＿＿＿＿＿＿＿＿＿＿＿

2 ハンドアウトの根岸の自己紹介を読み上げる。

3 根岸の例を参考に自分の紹介を書かせる。わからない表現などあれば班の人に聞かせる。

4 ハンドアウトのTaskの部分を説明し、Eye-contact! Smile! Reaction!の大事さを話し、Reactionの言葉をRepeatさせ練習する。終わった後は"Good job!"と言いながらのHigh Five（ハイタッチ）をし、サインをもらうことを指示をする（胡子美由紀氏の10ルールズから学んだものです）。

5 Aペア（横のペア）で始め、ジャンケンをして勝った人が先に紹介、負けた人は後で紹介する。その後Cペア（自由なペア）をさがし5分間でできるだけ多くと同じように対話する。最低3人以上の異性を含むなどの指示をし、教師も「異性」として加わったりします。

6 終了後は感想を書いて提出。教師がチェックをして、次の時間に返します。

私は大学でははじめの5回の授業の帯活動として実施しています。2回目以降は自己紹介5文のうちの3と4の文を次のように変えて、「前回までに話していない人」を優先的に話させます。

ハピコミの様子（大学生）

そのように5回程実施すると30人前後のクラスなら全員とコミュニケーションをはかり、High Fiveまでやることになります。

《2回目から5回目までの自己紹介の内容：大学生ヴァージョンです》

1, 2, 5の文は毎回同じ。3と4を次のように変える。

2回目 　3. I have (three) members in my family, (my wife, my daughter and me).　　　　　　　　　　　　　　　　　　　　「家族」

　　　　4. (Climbing mountains) makes me happy.
　　　　　　　　　　　　　　　　　　　　　　「私を幸せにしてくれるもの」

3回目 　3. My favorite song is "Kanpai" by Nagabuchi Tsuyoshi.
　　　　　　　　　　　　　　　　　　　　　　　　　　　　　　「好きな歌」

　　　　4. My favorite movie is *Otokowa-Tsuraiyo* directed by Yamada Yoji.　　　　　　　　　　　　　　　　　　　　　　　　　「好きな映画」

4回目 　3. The place where I recommend to go is Shibamata.
　　　　　　　　　　　　　　　　　　　　　　　　　　「私のお勧めの場所」

> 4. The country where I want to go is New Zealand.
> 「私の行きたい国」
> 5回目　3. My recent news is that (my grandson Eita has come to my house).
> 「最近のニュース」
> 　　　　4. My favorite actress (actor) is Arimura Kasumi.
> 「私の好きな女優・男優」
> 中学、高校で実施する場合は、それぞれに合った変更をして実践してください。

　感想としては、「この活動を通して、これまで話したことのなかった人と話せた」「友だちの好みやお勧めの映画なども知れて良かった」「英語を実際に使えて良い」「とにかく楽しい」などの肯定的なものが多いです。ぜひ試してみてください。

B　3つの活動で「英語ができる」と実感できる生徒を増やす

　一定の期間を決めて、習った文法や表現、単語を定着させ、「英語ができる」「英語を使える」という自信を持たせるため、**3つの活動（Power Up English, Smile Input, 重要単語）**を帯活動として使うようにしました。教科書の各セクションの扱いを右の図のようにしました。そのときには歌を最後の5分間で歌いました。

各セクションの学習の授業構成		
1時間目	PUEかSIか単語練習・テスト	10分
	② 基本文学習（導入、活動、表現）	35分
	③ 歌	5分
2時間目	PUEかSIか単語練習・テスト	10分
	② 単語学習	10分
	③ 本文学習	25分
	③ 歌	5分

1　Power Up English (PUE)（資料2-3）で文法・表現の活用・定着をめざす

　この活動は富山新英研の森田康寛氏から学び、私なりのアレンジをしたものです。2年生のProgram 5では3つの表現を習いました。① There is, There are, ②接続詞 When, ③ Ifの使い方でした。復習・定着として、PUEを使った活動を行いました。

　第1回は資料の1～4番の文を使いました。（1）肯定文で自己表現する。相手がそれを聞いて応じる。（2）相手に質問し、相手が答える。（3）家族の人数を伝える。（4）相手の家族の人数を聞き、相手が答える。全体練習をした後、Aペアで往復やり、アドバイス（良かったところ、課題提案）を簡潔に書き合い、Cペア（自由なペア）で往復の応答を行い、着席させました。

　第2回は、肯定文で言う場合はハンドアウトを見てもよいが、疑問文と答えは見ないでやるように指示。全体練習の後、2分半の時間内に、Aペアでやり、その後でき

資料2-3

Power Up English　2-5

2年___組___番　氏名_____

目標文
① There is a(an) ……, There are …s. = ～がある、～がいる。
② When ～, …. または、…when ～. = ～の時、…だ。
③ If ～, …. または、…if ～. = もし～ならば、…だ。

番	Aパート	Bパート	参考
1	肯 **There is** a(an) _____ in my room.	I see. ／ Oh, really?	私の部屋に_____があります。
2	疑 **Is there** a(an)_____ in your <u>room</u>? <u>house</u>? <u>city</u>? near your house?	答　Yes, there is. There is a(an)____ in my room. 　　　　　(house, city) No, there isn't. There isn't a(an)____ in my room.	あなたの部屋に____がありますか？ はい、あります。私の部屋に____があります。 ____がありません。
3	肯 **There are** _____ people in my family.	I see. ／ Oh, really.	私の家族には____人の人がいます。
4	疑 How many <u>people</u> **are there** in your <u>family</u>?　(CDs, books,…) (room, school…)	**There are** _____ people in my family. (room, school…)	君の家族には何人の人がいるの？
5	肯 I often <u>read books</u> **when** I am free. Yes, it is. ／ So so. ／ It's not so fun.	Oh, do you?　Is it fun?	僕は暇な時、よく本を読むよ。　楽しい？
6	疑 What do you do **when** you are free?	I _____ when I am free.	君は暇な時、何をするの？
7	疑 What were you doing **when** <u>your father</u> came home yesterday.　(mother, sister,…)	I was _____ when <u>my father</u> came home.	君のお父さんが昨日家に来た時、君は何をしていたの？
8	肯 I will <u>play tennis</u> **if** it's fine next Sunday.　(go hiking, go to AEON,…)	Oh, will you?　It'll be fun.	次の日曜日、晴れればテニスをするつもりなんだ。 そうなの。楽しそうね。
9	疑 What will you do **if** it's fine next Sunday?	I will _____ if it's fine next Sunday.	次の日曜日、晴れれば何をするつもり？
10	疑 **If** it's fine tomorrow, **shall we** <u>play tennis</u>? (walk in the park, go hiking..)	Yes, let's. I like ____very much. No, let's not. I don't like ____so much.	明日晴れたら、テニスをしようか？ うん、そうしよう。 いや、やめとこう。

Power Up English のやり方
1　指定された番号まで、Aペアと1往復対話しよう。終わったらCペアをさがして対話しよう。
2　初めは原稿を見てもいいが、慣れてきたら見ないで、相手の目を見ながらコミュニケーションをはかろう。
3　肯定文は見ても良いが、疑問文は見ないで言えるようにし、答える人は見ないで言えることをめざそう。それが力をつける道です。
4　慣れてきたら、内容を変えるなどして、対話を発展させよう。

ペアの人のアドバイス

月／日	／	／	／	／	／	／
良かったところ						
さらにアップのために						

るだけ多くのCペアでやらせ、2人以上の異性を含むよう指示しました。

第3回は、5〜7の文で第2回と同じやり方で活動。

第4回は、8〜10の文で第2回と同じやり方で活動させました。

私はこの活動のときに書く活動はやらせませんでしたが、表現した文を書いて提出させ、チェックして返すと書く力も伸びると思います。

2　Smile Input（SI）（資料2-4）で基本文や重要表現の定着をめざす

教科書で習う基本文や本文の中に出てくる重要表現（be afraid of, many kinds of, Why-Because, May I help you? ほか）は覚えさせ、使えるようにさせたいものです。以前からテスト前などによくやっていたSIですが、3つの活動に位置づけることにしました。この活動は英文とその意味が書かれたハンドアウトを使

ペアでの活動

い、ペアでジャンケンで勝った人が日本語、負けた人が英語を読む（または英語を見ないで言う）ことを、2分半程の時間いっぱい繰り返し、ポイント制にする活動です。英文を読む場合は1回につき1ポイント、見ないで言えれば1回に2ポイントで、時間いっぱい繰り返します。重要表現を短文に含めて覚えるのはとても有効な方法だと思います。

このときは多くの回数はできないので、次の2回の活動としました。

第1回は、5-1と5-2の部分を、（1）全体で読み練習（簡単な意味確認を含めて）、（2）教師が日本語、生徒が英語を読む、（3）Aペアで勝ちが日本語、負けが英語を読み、1往復する、という活動でした。

第2回は、5-3とその他の部分を第1回と同じやり方で行いました。

自習があるときなどは、「Smile Inputの英文全体を、覚えるように工夫しながら、2回以上書いて提出」などという課題を出したりしました。生徒は「Smileが消えますよ（笑）」などと言いながら、書いて提出していました。意味も書く生徒や書いたあと重要な部分をマーカーで印をしたりする生徒もいました。言って覚える、書いて覚えることをめざさせたいと思っています。

この方法は『世界が見える"英語楽習"』で詳しく紹介しました。この活動の名前は生徒から募集した中からFさんの提案を採用しました。彼女がスマイル・インプットと名づけた理由は、「いろいろスマイルだから。すごく楽しくてスマイル、短時間で覚えられてスマイル、ポイントもらえてスマイル、成績上がってスマイル」とい

資料2-4

Smile Input (Program 5)   単元テスト( )、後期中間(11/28)に向けて

試験前には書けるようにもしておこう！

日本文	英文	意味がわかる	言える	書ける
5－1				
この近くに良いレストランがあるよ。	**There is** a good restaurant near here.			
そこにはたくさんの種類の料理があるんだ。	They have **many kinds of** dishes there.			
なぜ彼らはそんなことをしているの？	**Why** are they doing that?			
彼を恐れているからだよ。	**Because** they **are afraid of** him.			
空飛ぶ島についてのはなしがあるよ。	**There is** a story about a **flying** island.			
5－2				
君が僕に電話したとき、ベッドで寝ていたんだよ。	**When** you called me, I was sleeping in bed.			
イギリスに帰る途中、彼は日本を訪問した。	**On his way back to** England, he visited Japan.			
それは長崎だと考えている人達がいるんだ。	Some people think that it is Nagasaki.			
僕が25歳の時、教師になっていると思うよ。	**When** I'm 25 years old, **I'll be** a teacher.			
5－3				
もし熊谷に行くなら、妻沼の聖天様を訪問すべきだよ。	**If** you go to Kumagaya, you should visit Menuma Shodensama.			
それは今、国宝だからね。	It is a national treasure now.			
もし1万円手に入れば、沢山のCDを買うね。	**If** I get 10,000 yen, I'll buy many CDs.			
買い物（ハンバーガー編）				
こんにちは。いらっしゃいませ。	Hello. **May I help you?**			
ハンバーガーとフライドポテトの小をお願いします。	**I'll have** a hamburger and a small French fries, please.			
小、中、大、どのサイズのハンバーガーがよろしいですか？	**Which size** hamburger **would you like**, small, medium, or large?			
中をください。	Medium, please.			
こちらでめしあがりますか、お持ち帰りですか。	For here or to go?			
ここで食べます。	For here, please.			
他には何かいかがですか。	Would you like anything else?			
いいえ、それですべてです。ありがとう。	No, that's all. Thank you.			
3ドル80セントです。	That'll be $3.80, please			
はい、おつりです。	Here's your change.			

勝ちが日本語、負けが英語。英語を読めば、＿＿P. 見ないで言えば ＿＿P.

2年　　組　　番

うことでした。彼女の実感に基づいた命名でした。

3　重要単語の練習と小テストで定着をめざす

　大幅に増えた単語の中から重要なものを選び、慣れて覚える活動を行うことが大切だと思います。重要単語を各Program（Lesson）約30個にまとめました（資料2-5上）。

　第1回は、（1）単語の発音練習、（2）簡単に意味の復習、（3）教師が日本語―生徒が英語、（4）Aペアで一人が日本語―相手が英語を言う1往復の活動を実施。

　第2回は、30個の単語のつづり、意味の中から20カ所を空欄にしておきテストを実施しました（資料2-5下）。テストの採点はAペアで交換して実施。20点満点で点数をつけたら班長に渡します。班長は「班の記録表」（資料2-6）に書いて、テスト用紙と一緒に教師に提出します。この「班の記録表」はいろいろなことに使えてとても便利です。

　3年生の11月～1月ころには、入試に向けて中学校で学んだ「重要単語のまとめ（480語）」（30語×16回分）を品詞ごとに一覧表にして、この方式で単語練習と小テストをして、単語力アップをはかっていました。

4　単元テストで活動の成果を検証する

　一つのProgramが終わると単元テストを行うことがありました。7月にProgram 3のテストを行い、10月初めにProgram 5のテストを行いました。ある業者のテストを使っていて、構成は、①単語、②文法・語法問題、③作文、④長文読解、⑤Listeningの問題になっていて、比較的難しい問題でした。

　3つの活動を合計で6～8回行った後で行ったProgram 5の単元テストはどのクラスも力の伸びが実感できるものでした。特に、①の単語は4問とも正解の生徒が大変多く、②の文法問題の正解率も高かったです。③の課題英作文でも全体として書くことによく挑戦していました。

　Program 1、3と5のテスト結果（50点満点）を比較してみると3つの活動を経験してきたProgram 5の点数がどのクラスも伸びているのがわかります。

テスト名	2年1組	2年2組	2年3組
Program 1（5月実施）	31.0	27.6	29.1
Program 3（前回比）	28.7（-2.3）	25.5（-2.1）	26.1（-3.0）
Program 5（前回比）	35.4（+6.7）	31.4（+5.9）	35.9（+9.8）

5　3つの活動に関する生徒の意見

　Program 5の単元テストを行ったときに、3つの活動についての意見を書いても

資料2-5

2年　重要単語・表現まとめ（P5）

___年___組___番 氏名_____

	英語	意味		英語	意味
1	travel(s)	旅行	16	down	下へ（に）
2	restaurant	レストラン	17	if	もし～ならば
3	near here	この近くに	18	some time	いつか
4	tomato(es)	トマト	19	tall	背が高い
5	terrible	恐ろしい	20	festival	祭り
6	be afraid of～	～を恐れる	21	snow	雪
7	poor	かわいそうな	22	may	～してよい
8	flying	飛んでいる	23	May I help you?	いらっしゃいませ
9	island	島	24	hamburger	ハンバーガー
10	horse(s)	馬	25	size	サイズ
11	sick	病気の	26	would	willの過去形
12	come home	家に帰る	27	large	大きい
13	way	道	28	Would you like anything else?	ほかになにかいかがですか。
14	on his way back to ～	（彼が）～に戻る途中	29	$ 3.80	3ドル80セント
15	England	イングランド	30	change	おつり

2年　重要単語・表現まとめ（P5）

___年___組___番 氏名_____

	英語	意味		英語	意味
1		旅行	16	down	
2	restaurant		17		もし～ならば
3	near hear	この近くに	18	some time	
4	tomato(es)		19		背が高い
5	terrible	恐ろしい	20	festival	
6	be afraid of～		21		雪
7		かわいそうな	22	may	
8	flying	飛んでいる	23	May I help you?	
9		島	24	hamburger	ハンバーガー
10	horse(s)		25	size	サイズ
11		病気の	26	would	willの過去形
12	come home	家に帰る	27		大きい
13		道	28	Would you like anything else?	ほかになにかいかがですか。
14	on his way back to ～	（彼が）～に戻る途中	29	$ 3.80	3ドル80セント
15	England		30	change	

資料2-6

班記録表　　　　　　___班　班長（　　　　　　　）

番号	氏名						

らいましたが、これらの活動を歓迎する声が圧倒的に多くありました。3組の生徒の中から何人かの声を紹介します。

3 活動についての生徒の意見　　　2年3組

名　前	Power Up English について	Smile Input について	重要単語について
Kさん	テスト前に音読したら、文章が書けるようになった。	会話に使えるものばかりで、もっと授業で音読したい。	要点をしぼって単語練習ができ、テスト勉強に活用しやすい。
S君	隣の人や違う班の人たちと会話をしながら学べたのでよかったです。	使い方のわからない文法がたくさん書いてあって、とても便利でした。	知らない単語を表にして、テストをするので、単語が覚えられてとても良かったです。
Kさん	その文の使い方がよくわかった。	基本をガッチリできた。	単語が覚えやすい。
Hさん	日常でよく使われる英文がまとめられているので、とてもわかりやすかった。	繰り返し読んでいく間に覚えられるので、良かった。もっと読み書きをして、活用したい。	重要な単語がまとめられているので、とてもうれしかった。読み書きを繰り返して覚えたい。
D君	今回のテストで一番活用したので、とても良いと思った。	SIを使って学習をしたら、テストでいい点が取れそうな感じがしたので、よく活用した。	単語を覚えるのはあまり好きではないが、この紙を使ったらしっかり覚えられた。
Sさん	たくさん音読をして、文の形を覚えたり、日本語を見ればしっかり英文を言えるようになるまで覚えました。また、Bノートに文を書いて覚えました。		重要な単語がまとめてあるので、勉強が楽だったし、しっかり覚えられて、単元テスト対策にもつながった。

　新学習指導要領で習う単語数が大幅に増え、文法や表現もより高度になってくる中、「努力したら英語ができるようになった！」と多くの生徒が実感できるような工夫を教師が用意していくことがとても大事になってくると思います。

C ビンゴゲームで重要単語、表現を楽しく覚える

　私は1年生でかなり多くビンゴを行い、1年半ばくらいから別の帯活動を増やしていました。ビンゴを行う目的は、(1) 発音練習・声出し、(2) 楽しく学ぶ、(3) 単語・表現に親しみ覚える、などです。単語を指定された枠に書いておくことは宿題にしておいて、授業では、(1) 発音練習（教師に続けて大きい声でリピート）、(2) ビンゴの実施（教師に続けて2回リピートし単語をチェック）のように単語を発音しながら楽しみます。この活動は楽しく学ぶのに良いですし、かなり低学力の生徒でも参加できるのも良いところです。新学習指導要領で語彙数が大幅に増えるので、ビン

ゴで楽しく慣れ親しんでいくのも効果的ではないでしょうか。

　大学生の授業で、プレゼンテーション・コンテストなどに向けて必要な表現集をまとめて学ぶのにビンゴを行うことがあるのですが、英語が得意な学生にもあまり得意でない学生にもとても好評です。

D　日常会話（使える「復習英会話」）

　日常の会話に使えそうな Questions and Answers のパターンを身につけさせるために、各学年で習う表現を中心にし、20問を一枚のシートにし、それを10問ずつに分けて帯活動で会話をします。書かれた文を参考に、自分の立場で答えるようにさせます。ペアを替えていくといろいろな人と対話できるようになります。質問はシートを見ても良いが、答えは見ないで言えるようになることを目指させます。これができるようになると、会話にも使えるし、本文についての Questions and Answers にも使えるようになります。会話テストや筆記のテストに応用しても良いと思います。私は各学年とも2～3枚程度（3年間で8枚、160Q&A）にまとめて活用していました（『楽しく英語力を高める"あの手この手"』に資料を載せていますが、ここではスペースの関係で省略します）。

E　英語の歌は授業を楽しくする魔法！

　私は英語の歌を使った実践をずっと継続しています。1年生では通常7～8曲を歌い、2年生、3年生では月1曲を基本に歌っています。導入は、①そのまま歌う、②穴埋め式にしておいて Reading-listening 方式で行う、③穴埋め式にしておいて簡略版 Reading-listening 方式で行う、の3つを使い分けていますが、中心的には②と③の方法です。

　授業の始めに立って歌うことが多いのですが、別の活動をして、最後に歌うこともあります。歌の導入と鑑賞については第3章で詳しく扱うことにします。

Ⅲ　教科書を使っての授業をどう行うか？

　英語の授業を行う場合にまず課題になるのが、教科書を使ってどう協同的な授業を行っていくのかということでしょう。基本文の導入（新文法事項の学習）、単語の学習、本文の学習や関係する内容での自己表現などを行う場合も、全体での授業とペアや4人グループの活動や学び合いを組み合わせて行いますが、大枠次のような形で私は行っています。

1 基本文(新文法事項)の学習では
(1) 重視していた考え
① 長すぎない文をオーラルで導入し、聞いた文を視覚化して、理解できるようにさせる(以前は紙に書いた文を貼りましたが、今はパワポです)。
② 理解させた上でリピートさせる。
③ さらにハンドアウトを使って詳しく確認。大事な箇所には下線を引かせるなどさせる(板書を生徒に写させると時間がかかるので、そうしなくて済むようにします)。
④ 習った文法を使い自己表現させ、交流させる(コミュニケーション活動)。その際、より豊かに表現できるように関連語彙(表現)の学習も行う。
⑤ 交流して得た情報を書いて表現させ、その情報を全体でも交流(共有)する。

コの字型の座席での全体授業

(2) 授業形態は
① オーラルでの基本文の導入、説明:全体で(コの字型の席で)。
② 新文法事項を使ったコミュニケーション活動(対話やインタビュー活動など):ペアで(Aペアでやり、次にCペアでできるだけ多くの人と)。
③ 問題を解いたりや作文(自己表現)を書く:4人グループで聞き合いながら(全員が終わったら班長が報告。単語練習や別の課題をやらせ、遊ばせない)。
④ 全体授業(コの字の席)に戻し、答えの確認、説明。自己表現の発表などを行う。

2 単語・重要表現の学習
(1) 重視していた考え
① 1年生ではFlash Cardを使って、視覚を重視し、文字の発音、綴り字などを確認しながら導入。教師がモデルを示し、発音・声出しの練習に

もする。
② 2年、3年生では単語の対訳プリントを用意し、発音・意味確認のあと、ペアでの日本語⇒英語練習にも使えるようにする。この活動により単語が覚えやすくなると好評でした。
③ 意味がわかれば良い語（認識語彙）と使えるようにしたい語（表現語彙）を区別してやり、後者はプリントではゴシックで書いてやる。
④ 一定の時期に「重要単語集」をまとめてやり、小テストで定着させる。

（2）授業形態は
① 全体での発音練習、意味確認、説明：全体で。
② 単語の定着活動（日本語⇒英語のインプット活動）：ペアで。

3　教科書本文などの学習
（1）重視していた考え：次の扱い方を使い分けること
① 対訳の（　）を補いながら意味確認、説明、音読練習、ペアで同時通訳練習などをするパターン。
② 発問による文の読みとりから音読練習、考えの表明などのパターン。
③ 多読用に教材を使い、比較的長い文の要点をつかませるパターン。

（2）授業形態は
① オーラルイントロダクション、CDリスニング：個人またはグループで。
② リーディング（スラッシュ・リーディングや要点把握、多読など）：個人で。
③ 読み取り、英問英答、訳文完成など：グループで。
④ 本文説明、問題の答え合わせ、考えの発表など：全体で。
⑤ 音読練習：活動により個人、ペア、グループからいくつかの活動を選ぶ。

　使用していたSunshine（開隆堂）の教科書に関係していくつかの具体的資料を示しながら紹介します。

A　2年生 Program 5 Gulliver's Travels での学習

1　Program 5 - 3 基本文（接続詞 if の使い方）の学習
　Program 5 - 3 では接続詞 if の使い方を学びます。30分～35分で扱うようにします。
（1）if の使い方を簡潔にパワーポイントで学習。
　一文ずつ導入し、読みの練習や説明を行いながら進めます。説明を聞き、読み練習をしながら、ノートに書いていく生徒が多いです。
（2）教科書の Basic Dialog の対話文で学習。

パワーポイントで1文ずつ導入し、場面や意味を確認しながら進め、読みの練習も行います。(1)の学習を事前にしているのでifの使い方や意味は理解しやすいです。

全体で読みの練習をやった後Aペア(横のペア)で1往復対話し、仕上げとします。(3)ハンドアウトを使い、より詳しくifの使い方を学び、コミュニケーション活動につなげます(資料2-7参照)。Ifを使ってインタビュー活動、その後2分半で何人と対話できるか(異性を2人以上含む)を課題とし、結果を用紙にメモさせます。ハンドアウトの2の太線部に自分のすることを書かせるのですが、Word Boxの表現を一度リピートさせ、「参考にしても良い」ことにします。次に3の「友達がしたいこと」を紹介する文を書かせます。このときは4人グループを作らせ、わからないところは聞き合ってやらせます。もちろん辞書も自由です。班員全員が3文以上書けたら班長は報告し、教師は黒板の班の番号に○をつけます。時間を取れるときには書いた文を何人かに発表してもらい交流します。

この教材を使っての基本文導入から文法学習、コミュニケーション活動、書く活動の流れは以上のようになります。

2　新出単語と本文の学習

単語と本文の学習にはハンドアウトの裏側(資料2-8)を使います。生徒は予習として、Aノート(授業用ノート)に新出単語と意味、本文を1回書いてくることになっています。前の授業で配られているので、ハンドアウトの単語練習と本文訳の(　)を予習として埋めてくることを宿題にすることもあります。

(1) この授業のゴールを示します。

「埼玉県への訪問者(外国人、日本人を問わず)に熊谷や埼玉の観光名所を紹介する文を書く」というこの授業のゴールをはじめに伝えます。そのために単語学習、本文理解、音読練習、作文などを頑張らせます。「グループの人全員が書けるように力を合わせよう」ということも伝えます。

(2) 新出単語の学習

新出単語の学習はハンドアウトを使い、①発音練習、②意味の確認、関連語の紹介、

資料2-7

Program 5-3　If ～、「もし～ならば、」という言い方

2年　　組　　番 氏名＿＿＿＿＿＿＿＿＿＿＿

1． If it is fine tomorrow, I will play soccer.（もし明日晴れれば、私はサッカーをするつもりです。）

　　I will play soccer **if** it is fine tomorrow.　（　同上　）

　　I will be happy **if** you are here.　（もしあなたが　　　　　　　私は幸せになるでしょう。）

---
① 「もし～ならば、…」と条件を言う時は、【　If ～ , … .　】の形を使います。

② 【　… if ～ .　】も同じ意味です。

③ **if**のように、**条件を言う文（条件節）**は、**未来のことも現在形で表します。**

2． Let's speak English with your friends.　友だちと話そう。
　　A: What will you do **if** it's fine next Sunday?
　　B: I will ＿＿＿＿＿＿＿＿＿＿＿＿＿＿＿＿＿＿.（自分のすることを入れよう）
　　　　What will you do **if** it's fine next Sunday?
　　A: I will ＿＿＿＿＿＿＿＿＿＿＿＿＿＿＿＿＿＿.
　　　　Nice talking with you. Thank you.
　　B: You're welcome. Me too.

【　Word Box　】やること一覧　　play baseball:野球をする　　play tennis:テニスをする
play rugby:ラグビーをする　　go to the park:公園に行く　　go camping:キャンプに行く
go cycling:サイクリングに行く　　go fishing:釣りにいく　　climb a mountain:山に登る
go skiing:スキーに行く　　take a walk:散歩する　　play with my friends:友達と遊ぶ
go and see red leaves:紅葉を見に行く　　walk my dog:犬を散歩させる

人	やること	人	やること

3． 友達がしたいことを紹介しよう。
　　例文：　Miki will play tennis **if** it's fine next Sunday.
　　　　　　Takeshi will go fishing **if** it's fine next Sunday.

＿＿＿＿＿＿＿＿＿＿＿＿＿＿＿＿＿＿＿＿＿＿＿＿＿＿＿＿＿＿＿＿＿＿＿＿＿
＿＿＿＿＿＿＿＿＿＿＿＿＿＿＿＿＿＿＿＿＿＿＿＿＿＿＿＿＿＿＿＿＿＿＿＿＿
＿＿＿＿＿＿＿＿＿＿＿＿＿＿＿＿＿＿＿＿＿＿＿＿＿＿＿＿＿＿＿＿＿＿＿＿＿
＿＿＿＿＿＿＿＿＿＿＿＿＿＿＿＿＿＿＿＿＿＿＿＿＿＿＿＿＿＿＿＿＿＿＿＿＿
＿＿＿＿＿＿＿＿＿＿＿＿＿＿＿＿＿＿＿＿＿＿＿＿＿＿＿＿＿＿＿＿＿＿＿＿＿

資料2-8

4. 終わった人（グループ）は単語練習をしよう。

単語	意味	練習
if	もし～ならば	
the Koala Park	コアラパーク	
some time	いつか	
tall	背が高い	
costume	衣装	
festival	祭り	
snow	雪	
you'll	you will	
scene	光景	
Yoshinogari Historical Park	吉野ヶ里歴史公園	

5. 本文の意味を確認しよう。

If you come to Yokosuka in the fall, you <u>must</u> go to Kannonzaki.　You can see a tall man in a Gulliver's costume at the festival.	**もし**秋に横須賀に（　　　　　）、観音崎に行きなさい。お祭りでガリバーの衣装を（　　　　）背の高い男の人を見ることができます。
If you come to Sapporo in the winter, you <u>should go and see</u> the Snow Festival. You'll enjoy beautiful scenes.	**もし**冬に札幌に来るなら、雪祭りを<u>見に行く</u>べきです。あなたは（　　　　　　　）を楽しむでしょう。
If you come to Saga, <u>go to</u> Yoshinogari Historical Park.　**When** you are at the park, <u>you'll</u> learn about Japanese history.	**もし**佐賀に来るなら、吉野ヶ里歴史公園に行きなさい。その公園にいる（　　　　）、（　　　　　）について学ぶでしょう。

6. 上の文を参考にして、熊谷や埼玉の観光名所やお祭りを紹介する文を書きなさい。

_____

_____

_____

_____

7.　Home Work(宿題)　　復習、予習で力をつけよう。
① 本文の意味をAノートに書いておく。(2P)　② 本文を☆2以上(10回以上)音読。(☆1つ2P)
③ ○2以上音読筆写　④ P52, 53のSpeaking 3の単語と意味(3P)、本文を書いてくる(2P)。

③教師が日本語を言い生徒が英語を言う、④ペアで日本語→英語の活動（往復）をやらせたりします。発音と意味の確認だけでなく、④のようにペアで練習する時間を取ると単語を楽しく定着させることができます。時間は10分ほどです。

（3）本文の学習、音読

　リスニングでは一回目は教科書を見ないで、二回目は教科書を見てCDを聞かせました。その後1回コーラス・リーディング（音読）し、内容の確認をしました。ここでは日本語の（　　）に入る語を確認しながら、重要表現に下線を引かせ説明を加えました。

　意味が確認できたら読みの練習を行います。教師またはCDの後にリピートさせ、読めるようにさせてから、①ペア読み、②グループ合わせ読みから1文ずつリレー読み、③バズ・リーディング（四方読み）、④ペアでの日本語→英語練習、⑤1分間個人音読、などの中からいくつかを組み合わせて行わせました。本文の学習、音読時間は計15分ほどでした。

（4）名所紹介の執筆

　「熊谷や埼玉の観光名所を紹介する文」を書かせます。例文があり、わからない表現などはグループ内で聞き合ってやらせますので時間内にかなりの生徒が書けますが、中にはグループの人が「どこを紹介したい？」などと聞いて、応援している姿も見られました。時間は15分弱で切り上げ、終わらない人は次回までに書いてくるように話しました。

（5）家庭学習

　家に帰って、①Aノートに本文の意味を書いておくこと、②☆（星）2つ以上の本文音読（☆1つが5回）、③○（月）2つ以上の音読筆写（○1つが1回音読筆写）、④書き終わった「観光名所を紹介する文」を訪問者に伝えられるよう練習、を宿題にしました。

　「音読の方法、あれこれ」についてはこの後のⅣで紹介します。

B　3年生 Program 8 Clean Energy Sources での学習

1　Program 8−1基本文（目的格の which の使い方）と新出単語の学習

　ここでは目的格の関係代名詞 which の使い方を学びます。約30分で扱うようにします。

（1）　はじめに実物を示しながらオーラルで文を導入し、その後パワーポイントを使って文を表示して、関係代名詞を使って2文を1文にできること、その使い方を簡潔に説明します。一応使い方がわかったところで文をリピートさせます。

使い方のポイントがわからないと次の活動に入れません。

(2) Basic Dialog の対話文の学習をします。パワーポイントで1文ずつ導入し、使い方と意味の確認もしながら進め、読みの練習もします。全体での読みの練習をやった後、立ってAペアで1往復対話して終わったら座ります。

(3) ハンドアウト（資料2-9）を使い、より詳しく目的格 which の使い方を学び、インタビュー活動にもつなげます。ハンドアウトの1を使い、文の意味と which の使い方のポイントを確認します。主格と目的格の区別の仕方、目的格は省略できることなども確認し、正しい理解のために必要な用語も使って確認します。

> P8-1 関係代名詞 which（目的格）の使い方
> This is the dictionary. I use it at home.
> This is the dictionary which I use at home.
> これは私が家で使う辞書です。
> This is the book which I wrote 8 years ago.
> これは私が8年前に書いた本です。

> 次の対話を学ぼう
> A: What is *osechi*?
> B: Let's see. I'll look it up in my dictionary.
> A: Thank you. What does it say?
> B: It's a special dish which we eat during the New Year.

(4) ハンドアウト3の「一番好きなスポーツと食べ物」を聞くインタビュー活動を行います。①コーラス・リーディングを全体で1回、②自分の好きなものを文に入れる、③Aペアでじゃんけんし、勝ちがA、負けがBで対話し、表に相手の名前と好きなものを書き入れます。④続いてCペア（自由なペア）をさがし、一定時間内（2分半程度）でできるだけ多くの人と対話をさせます。そのときに、アイコンタクト、スマイル、リアクション、ハイファイブなどをさせると親密度も増していきます。⑤グループを作って、4の例文を参考にしながら、友達3人以上の好きなもの2文を書かせるようにします。わからないことは聞きながらやらせ、グループの人全員が3文以上書けたら班長は報告します。⑥席を全体に戻した後、時間があれば何人かに発表してもらいます。

(5) Program 8-1の基本文を学んだ後、ここの新出単語を学びました。学び方はP8-1のハンドアウトの裏側（紙面の都合でここには載せません）に書いていた単語の対訳を使って全体で読みや意味を学び、その後ペアで定着のための活動をやりました。

　次の時間は Program 8-2の基本文（目的格の that の使い方）と新出単語を学びました。

Program8-1　関係代名詞which（目的格）の使い方

1.　This is the dictionary.　I use it at home.
　　　　　　　　　　↓
　　　This is the dictionary which I use at home.（これは　　　　　　　　　　　　辞書です。）

　　　This is the book which I wrote eight years ago.　（これは　　　　　　　　　　　　　　　　）

> ① 代名詞 it（目的格）のかわりに、**関係代名詞which（目的格）**を使ってつないでいる。
> ② ◎**目的格の関係代名詞の後には、主語＋動詞がくる。**　　the dictionary **which** I use　〜　.
> 　　◎**主格の関係代名詞の後には、（　　　　　）がくる。**　a dog **which** runs very fast
> ③ 目的格の**which**は、**先行詞が物・動物の時に使う。**
> ④ **目的格の関係代名詞は省略しても良い。**

2．次の文の先行詞に＿＿、関係代名詞に＿＿、を引いて、意味を書きなさい。

　(1)　This is the book which Jack bought yesterday.

　　　（これはジャックが　　　　　　　　　　　　　　　　　　　　　）

　(2)　"We Are The World" is a song which many students like very much.

　　　（We Are The World は　　　　　　　　　　　　　　　　　　　　）

3．一番好きなスポーツと食べ物を聞き合い、相手の名前と好きなものを書こう。
　　A:　Hello.　Please tell me the sport which you like the best.
　　B:　OK.　The sport which I like the best is ＿＿＿＿＿＿＿＿＿＿＿.
　　　　What is the sport which you like the best?
　　A:　I like ＿＿＿＿＿＿＿＿＿ the best.
　　　　Please tell me the food which you like the best.
　　B:　The food which I like the best is ＿＿＿＿＿＿＿＿＿. How about you?
　　A:　The food which I like the best is ＿＿＿＿＿＿＿＿＿. Thank you.
　　B:　You're welcome.

名　　前					
好きなスポーツ					
好きな食べ物					

4．上で聞いた事を例にならって英文を書きなさい。

　例）The sport which Yoko likes the best is tennis.（洋子が一番好きなスポーツはテニスです。）
　　　The food which Takeshi likes the best is *soba*.（武が一番好きな食べ物はそばです。）

　　＿＿

　　＿＿

　　＿＿

　　＿＿

2 Program 8-1, 8-2の教科書本文の学習（発問を使っての学習から表現へ）

　その次の時間にProgram 8-1と8-2の本文を一緒に学ぶようにしました。本文読み取りプリントの資料2-10を用意して、50分の予定で始めましたが、実際には2回にわたり70分ほどかかりました。授業のはじめに、「両方の文を読んだ上で、8-2の文の最後にDaisukeの結論的主張をグループで考えて書き加えてもらうので、Clean Energyを考えて納得できる主張を書けるように、その前の文もしっかり読んでほしい」と伝えました。

（1）Program 8-1の本文学習

① Listening Points（ア．風車は何を使わないのか？　イ．風力は何を出さないのか？）を示しておいて、テキストを見ないでのListening 1回。（全体で、答え合わせまで含め5分）

② 読み取りプリントを使っての読み取り。終わったグループは合わせ読みをする。（グループで8分）

③ 答え合わせと説明。（全体で、10分）

④ Chorus Readingを1回。（全体で、3分）

（2）Program 8-2の本文学習

① テキストを見ながらのListeningを1回。（内容がかなり難しいので、文を見ながら聞かせました。全体で2分）

② 読み取りプリントを使っての読み取り。1～5までの発問に答えたら、6の結論的主張をグループで相談して書き加える。（グループで15分程）

③ 1～5までの答え合わせと説明。（全体で、10分）

④ 発問6の「結論的主張」の交流。英文で書けたのは8班中6班程でしたが、英文にできなかった班は日本語で発表してもらいました。どのグループも一生懸命考えて英文に仕上げようと頑張っていました。英文に仕上げるのに教師の力を少し借りたグループもありましたが、次のような主張がありました。（全体で15分）

* We should use solar energy more to make electricity.
* We should stop using fossil fuels because they give off greenhouse gases.
* We think every house should have solar cell roof in the future.

　必要なヒント（足場かけ）をしてやりながら、高い課題に挑戦させてやると、グループで力を合わせてできるようになることを実感した3年生の12月の取り組みでした。

Program 8-1,2 Clean Energy Sources 本文読み取り

3年　　組　　番 氏名

Pat: What are you doing? ＊work=機能する
Daisuke: (1)I'm making a windmill **which** really works. ＊be useful for=～に役に立つ
Pat: That's great. I think windmills **are useful for** our future.
Daisuke: I think so too. They produce electricity, but they don't use fossil fuels.
Pat: That's important. (2)The amount of fossil fuels **which** we can use is very small.
Daisuke: Yes. But wind power isn't. It's a kind of energy **which** we can use in the future.
　　　　　And windmills don't give off greenhouse gases. ＊amount=量
Pat: So we can say wind power is a clean energy source.

1 Do <u>windmills</u> produce electricity? （下線部が主語）
　　_____

2 <u>Why</u> can we say wind power is a clean energy source?（なぜ～と言えるのですか？）
　　_____

3 (1)を和訳しなさい。_____

4 (2)を和訳しなさい。_____

5 Do you agree with Daisuke and Pat's idea? _____

Daisuke's Speech

　　Today I'm going to talk about solar energy. The sun <u>has given</u> us a lot of energy for a very long time. The rays that we get from the sun produce solar energy. We can <u>change</u> solar energy <u>to</u> electricity in different ways.
　　First, sunlight <u>is changed to</u> electricity by solar cells. This system <u>is used</u> to power clocks, calculators, and even cellphones. ＊be changed to～=～に変えられる
　　Second, to produce electricity, we can use the steam that solar heat makes. It turns turbines in power stations.

1 大介は何について話しているのか？_____
2 目的格の関係代名詞に下線を引きなさい（2つあります）。
3 太陽は長い間私たちに何を与えてきましたか？_____

4 Do <u>the rays</u> from the sun produce solar energy? （下線部が主語）
　　_____

5 How does the steam produce electricity?（どのようにスチームは電気を作りだすのですか？）
　　_____

6 Daisuke は solar energy について説明していますが、それをどうすべきだという自分の考えを述べていません。この文に結論的な主張を書き加えるとしたら、どんな文を加えますか？グループで相談して書き加えましょう。
　　_____
　　_____

10回以上は音読して、インテイクをめざそう。　1　2　3　4　5　6　7　8　9　10　11　12　13　14

⑤ Chorus Reading を2回。(全体で5分)
⑥ 復習用に8-1と8-2の本文の訳を配布しました。発問で内容を読み取っても、特に難しい内容や表現の本文の場合は授業後に訳を配ってやると生徒は喜びます。細かいところまで内容をとらえるために訳は有効で、テスト前の学習などでも役立つようです。
⑦ 家で意味を確認して、10回以上を目標に音読することを課題として出しました。

3　教科書の読み物を使っての多読の実践

教科書の巻末には Review Reading（復習読み）や Extensive Reading（多読読み）用にいくつかの読み物教材がついていました。授業時間内ではなかなか読む時間が取れなかったので、自習にせざるを得ないときや冬休みの期間を使って多読用に使っていました。

グループでの読み取り

Extensive Reading ①の The Wisest Man in the World（イスラエルのソロモン王の話）の3ページは、日本語での発問を付けて冬休みの課題として家で読ませることを休みに入る10日ほど前に伝えました。「一人で読むのが難しいと思う人は休みになる前に放課後グループの人や友達と一緒に読んでもいいよ。休み明けにまずグループで答え合わせをやってもらい、その後全体で答え合わせをします」と伝えました。放課後友達と一緒に残って読んでいる人も見られました。実際に読んでみて、この話に興味を持った生徒もいたようでした。

1ページ目の英文と私が作った発問を紹介します。

1　英文　The Wisest Man in the World　①

　Long, long ago there lived a king in the country of Israel. His name was Solomon. He was so wise that he could even speak the language of every insect.

　One day a little bee flew into the King's room. The bee was too scared to fly away when the King came up to it.

　"Oh, King, forgive me, please," it said. "Please let me go! I'm sure I can work for you some day."

　King Solomon smiled and opened the curtains. "You may go. I want nothing in return from a little bee like you."

Then, through the open curtains, the King saw a great caravan. There were many animals decorated with jewels and gold. At the head of the caravan, the proud and beautiful Queen of Sheba was riding on an elephant.

"Be careful of the Queen of Sheba, King!" one of his servants said. "She's jealous of you because you're loved by the people."

"Ha, ha, ha! You worry too much," answered the King. "I'm wise enough to take care of myself."

2 発問（プリントにして配布）
（1）ソロモン王はどのくらい賢かったのですか？
（2）ハチは王にどんな約束をしましたか？
（3）王はハチに何と言いましたか？
（4）シバの女王はなぜ王に嫉妬していたのですか？
（5）王は家来の助言になぜ従おうとしなかったのでしょう？

このように発問を付けてやると読もうとする生徒が多いのですが、個人の力だけでは読めない生徒も少なからずいるので、自習時間などに読ませる場合にはグループを作って、聞き合いながら読ませるようにします。

中学校ではなかなか多読に取り組むのは大変ですが、工夫して時間を生み出して、発問を付けてやると多読に関心を持つ生徒も増えてくるのではないでしょうか？

Ⅳ 音読の方法、あれこれ

英語力を高め、使える英語を身に付ける上で「意味がわかった文を何回も音読する」活動はとても重要です。土屋澄男氏（2004）は音読の効用として、（1）音韻システムの構築（子音・母音の正確さ、区切り・強勢・イントネーションなど）、（2）語彙チャンクの蓄積（名詞句・動詞句・前置詞句ほか、意味のまとまりで記憶できる）、（3）文法規則の自動化（瞬時に認識する能力を養う）、（4）音読からスピーキングへの発展（少し工夫すれば可能）をあげています[1]。音読を話すこと、聞くこと、書くことにも連動させられます。ポイントは「意味のわかった文」を音読するということです。

ここでは私が中学校の授業で実践してきた主な音読活動に加え、大学院以降で及川賢氏や酒井志延氏などから教えていただいたいくつかの活動も紹介します。音読の方法は大変多くありますが、1回の授業でできるのは2～4くらいですので、そのとき

の授業のねらいに合わせて選んで実施し、家庭学習にもつなげていくことが大切です。

A 全体で行う音読練習

1 **チャンク読み**：文を意味のまとまりで区切り、リピートさせる読み。
2 **文読み**：一文ずつリピートさせ、読み方を確認していく読み。
3 **重ね読み**：CDや教師のモデル音声に合わせての音読（Overlapping または Paced reading とも言う）。モデル音声に合わせることで、スピード、強弱、イントネーション、リズムなどを意識させることができます。
4 **バズ・リーディング**：各自のペースで音読させますが、それぞれがブツブツ練習する音がハチの出す羽音に似ているのでこの名がついたそうです。座ったままより立って音読させると、教科書を手に持ち姿勢が崩れない、声がよく出る、集中できるなどの効果が得られると言われます。立って1回目は正面を向いて、2回目は右方向に90度、3回目はさらに後ろ方向、4回目は左方向を向いて読んだら正面を向いて座る「四方読み」の活動は、各自の読んでいる回数も確認できお勧めです。
5 **リード・アンド・ルックアップ**：英文の1文全体または途中までを黙読し、教師の"Look up."などの合図で顔を上げて言わせる方法で、スピーキングにつなげる役割を持っています。文が長い場合は、区切るところを指示して行わせます。
6 **シャドウイング**：文字を見ないで、CDなどの音声を聞き、すぐに後を追うように音を繰り返して言う活動です。習ったことを定着させるために行う場合が多いです。モデル音声はやや大きめの音でかけてやる必要があります。もともとは未習の教材を使い、リスニング力を高めたり、同時通訳のための訓練に使われてきたそうです。授業の中では音読練習をやった後、シャドウイングをさせるとよりしっかり再生できて、生徒の充実感も高まると思います。

B ペアで行う音読練習

1 **ペア読み①（教師⇔生徒）**：対話文の音読練習で、Chorus reading の後などに、教師と生徒全体でペア読みを行います。2つの役の片方だけを読む「片道」と両方を読む「往復」の場合があります。時間との関係で判断すると良いでしょう。
2 **ペア読み②（生徒⇔生徒）**：生徒同士でペア読みを行わせます。「片道」と「往復」を使い分けます。
3 **鉛筆置き読み**：一定の音読練習をした後、ペアでじゃんけんをし、勝った人が相手のテキストの英文の上に鉛筆を1本縦か斜めかに置きます。負けた人は鉛筆で隠れた部分を思い出しながら音読します。1本で余裕の人には2本で挑戦させても良いでしょう。音読練習を始める前に、「今日の音読のゴールは『鉛筆置き読み』です」

と出口を示しておくとはじめからより真剣に練習すると思います。この活動はとても盛り上がります。大学生にやらせたら喜んで、鉛筆の代わりに筆箱を置いた学生もいました。

4　対面シャドウイング：一定の音読練習をした後、立ってペアで対面して、一人が教科書を見ながら音読し、相手は教科書を見ずに聞いた文を再生するようにします。音読する人が大きい声で読まないと相手は活動できないので、声を出すことを促すことにもなります。

5　背中合わせシャドウイング：音読練習も楽しくやらせたいものです。そんなときにお勧めなのがこの活動。全体でシャドウイング練習をした後、ペアでジャンケンをし、立って背中合わせになり、勝った人が肩越しに英文を音読し、負けた人がそれを聞いて再生します。読む人は大きい声で、聴く人も真剣に聞いて再生しないと相手に聞こえません。「背中合わせ」で頑張るので親近感も増しそうです。楽しく仲間づくりにもなると思いますので、ぜひ試してみてください。「英語って楽しい！」と感じるかもしれません。

C グループで行う音読練習

1　グループで合わせ読み：Chorus reading をやった後に、すぐに個人の音読練習をさせるには自信のない生徒がいるのではないかと思うときに、私は「グループ合わせ読み」をさせます。グループで向き合って立って一緒に音読します。

2　リレー読み：グループで向き合って立って、一文ずつリレーして読みます。正確な読み方がわからなければ、助け合います。

3　グループで合わせ読み＋リレー読み：1と2の組み合わせで、グループで合わせ読み＋個人でのリレー読みです。全体での練習だけでは手を抜く可能性のある生徒も、グループ読みやリレー読みをやることがわかっていると、よりしっかり練習するようになります。

4　Don't Read the Last Sentence ゲーム：滋賀県の福田香里氏（2018）紹介のゲーム[2]。4人班で Reading。1人1文か2文を読むことができ、順番にリレーして読んで最後の文を読んだ人が負け。ほかの人の Reading をよく聞かせるために、発音やアクセントの間違いを発見して指摘すると、そこから自分の順番に変えられるというルールを加え、集中して読んだり聞いたりできるようにする。タイマーを設定して、その時間内で一度も負けなかった人にシールをプレゼントすると伝えて始めると、ほっておいても真剣に Reading に取り組むということ。グループでのおもしろそうな音読実践なので紹介しました。

D 家庭での音読・筆写

授業中の練習だけでは時間が限られているので、家庭学習とつなぐ取り組みが大切です。音読・筆写を奨励し、学習記録表（教師が配る記録表）に記入させ、一定の期間の後提出させ、評価していました。

1. 個人で☆（星）5個以上をめざす：☆1つは5回音読です。☆5つ以上やって、暗唱できるようにすることを奨励していました。
2. 個人で○（月）2つ以上をめざす：○1つは1回音読筆写です。読み練習をした後、本文を2回以上声を出しながら筆写することを奨励していました。
3. 「音読シート」で暗唱をめざす：埼玉県の今村仁美氏（中学校）から学んで、現在大学生にやらせている「音読シート」を使って英語を言えるようにさせる活動の紹介です。学生は一定期間でレベル1〜4までの文（資料2-11を参照）を選んで30回の音読をしながら、自然と英文を言えるようになることを目指します。英文をそのまま読むレベル1、一語が消えているレベル2、2〜3語が消えているレベル3、日本語だけが書いてあるレベル4を各何回読んだのかを「正」の字で記録します。レベル4がスラスラ言えるようになったら、音読筆写させるようにします。この「音読シート」は自分のレベルに合わせて練習できるので、授業中の音読練習にも有効です。ぜひ試してみることをお勧めします。中学生でももちろん有効です。

V 自己表現で「主体的・対話的で深い学び」を実現させる

英語授業の中で学んだ文法や表現を使って、その子自身に関すること、自然や社会に関することなどを表現させる活動は、子供たちに「主体的・対話的で深く」考えさせる機会になるでしょう。また表現したものを交流する活動は互いから学び、他者やものをより深く理解する機会になります。そうした意味で、自己表現活動は生徒たちの「主体的・対話的で深い学び」を実現させる良い機会になるでしょう。さらに教師にとっては生徒をより深く理解しつながる機会にもなっていきます。

私自身さまざまな自己表現活動をさせてきました。新文法事項を学んだあと簡単な自己表現を書かせ、それを基にインタビュー活動に取り組む実践は「教科書の扱い」のところで紹介してきました。ここではテーマを与え、一定程度まとまった文章を書かせるいくつかの取り組みを紹介します。英文を書かせる取り組みは、書ける生徒と書けない生徒の差が大きくなりがちです。全員に書かせるための細かな手立てと生徒同士の学び合う（ここでは、支え合う）関係が大切になってきます。

資料2-11

音読シート Sasaki Sadako(1)

班 _____ 番号 _____ 氏名 _____

音読を30回以上やって、使える英語力を高めよう！

提出日　月　日

★

Sadako Sasaki (January 7, 1943-October 25, 1955) was about one mile away from where the atomic bomb was dropped on August 6th, 1945. She was two years old at that time. In January 1955, she was diagnosed with leukemia, caused by radiation exposure. She spent her time in hospital making *origami* (folded paper) cranes. Sadako believed that if she could fold 1,000 paper cranes, she would recover to live a long and happy life. In Japanese tradition, anyone who makes a thousand *origami* cranes will be granted a wish. Her wish was simply to live. At that time, *origami paper* was too expensive and she used medicine wrappings and whatever else she could find.

★★

佐々木禎子さん（1943年1月7日－1955年10月25日）は、1945年8月6日に原爆が落ちた場所から約1マイルのところにいた。
彼女はその時2歳だった。
1955年1月、彼女は放射線被ばくにより引き起こされた白血病と診断された。彼女は折り鶴を作りながら病院で過ごした。禎子はもし1000羽の折り鶴を折れれば、回復して長く幸せな生活を送れると信じていた。
日本の伝統では、1000羽鶴を折る人は、誰でも願いが叶えられるとされている。
彼女の願いはただ生きるということだった。当時、折り紙の紙は高すぎたので彼女は薬の包み紙や見つかった他のものを何でも使った。

★★★

Sadako Sasaki (January 7, 1943-October 25, 1955) was about one mile ● from where the atomic bomb ● dropped on August 6th, 1945. She was two years old at that time. In January 1955, she was diagnosed ● leukemia, caused by radiation exposure. She spent her time in hospital making *origami* (folded paper) cranes. Sadako ● that if she could fold 1,000 paper cranes, she would recover to ● a long and happy life. In Japanese tradition, anyone ● makes a thousand *origami* cranes ● will be granted a ●. Her wish was simply to live. At that time, *origami paper* was ● expensive and she used medicine wrappings and whatever ● she could find.

★★★★

Sadako Sasaki (January 7, 1943-October 25, 1955) was about (　　　) from where the atomic bomb (　　　) on August 6th, 1945. She was two years old at that time. In January 1955, she was (　　　) leukemia, (　　　) radiation exposure. She spent her time in hospital making *origami* (　　　) she could fold 1,000 paper cranes, she would (　　　) a long and happy life. In Japanese tradition, anyone who makes a thousand *origami* cranes will be (　　　). Her wish was simply to live. At that time, *origami paper* was (　　　) and she used medicine wrappings and (　　　) she could find.

30回の内訳は？（正の字で書いてみよう！）

振り返り

A 未来形を学んで、My Summer Plan 執筆、発表会へ

　新しい文法事項を学んだ後, Bingo で必要な単語や関連表現を学び, 作成メモを書き, 自己表現につなげる方法を中1から中2の半ばくらいまで、いくつものテーマで書かせてきました。4人グループを有効に活用でき，すべての生徒にまとまった文を書かせることのできる取り組みだと考えています。扱ってきたテーマは、（1）三単現を学んで My Precious Person（私の大切な人）を書く、（2）過去形を学んで My Last Week を書く、（3）can、can't を学んで What I can do を書く、（4）未来形を学んで My Trip Abroad（私の海外旅行）を書く、（5）動名詞を学んで My Hobby を書くなどでした。My Precious Person を書くとりくみについては別の書（2012）で詳しく紹介しました[3)]。ここでは未来形を学んだあと My Summer Plan を書かせる取り組みについて資料も含めて紹介します。

　2年生の Program 2 では、be going to, will, Program 3 では must, have（has）to，接続詞 that を学びました。これらの文法事項を使って、夏休みに海外旅行を計画し、My Trip Abroad を書かせ、発表会をすることにしました。手順としては次のようでした。

1　旅行業者から海外旅行のパンフをもらう

　修学旅行などでお世話になっている旅行会社にお願いして、海外旅行のパンフレットを分けてもらいました。15カ国110部を譲っていただき、希望の生徒に貸し出せるようにしました。

2　Bingo（海外旅行編）をやる（資料2-12）

　いくつかの国の名前、習った文法事項、使いそうな動詞、国の特徴を表す言葉、などを中心に Special Bingo を作成し、2回にわたり、授業のはじめに実施して表現に慣れるようにしました。

3　作成メモを書く（資料2-13）

　be going to, will, won't, must, mustn't, have to, don't have to, think that の中から4つ以上の表現を使うことを条件として文を書くためのメモを書かせました。日本語でのメモ書きに15分、英文に直すのに15分の予定で始めましたが、パンフレットを見ながら国を選び、その国でやることを考えたので、1時間かかって多くの生徒が日本語のメモを書き終え、英文の多くの部分を書き上げました。終わらない生徒には昼休みなどを使って援助しました。生徒の作成メモを集め、英文に赤ペンでチェックを入れました。

資料2-12

Let's Play Bingo!（海外旅行編）

_____ 班 _____ 番　氏名 _____

B: England,　America,　Canada,　China,　Korea,　Vietnam,　Thailand,　New Zealand,　Switzerland
　　イギリス　　アメリカ　　カナダ　　中国　　韓国・朝鮮　ベトナム　　タイ　　ニュージーランド　　スイス

I: I am going to～,　We are going to～,　My family are going to～,　I will,　We will,　I will visit,　stay with～,
　　私は～する予定だ　　私たちは～する予定だ　　私の家族は～する予定だ　　私は～しようと思う　私たちは～　私は訪問するつもりだ　～に滞在する

N: see,　move to～,　talk with～,　buy,　eat,　watch,　go shopping,　go hiking,　go sightseeing,
　　見る　～へ移動する　～と話す　　買う　食べる　見る　買い物に行く　ハイキングに行く　観光に行く

G: must,　have to,　has to,　mustn't,　don't have to,　can,　be able to,　will be able to～,　think that～,
　　しなければならない　〃　　〃　　してはならない　する必要はない　～できる　～できる　～できるでしょう　～だと思う

O: know that～,　hear that～,　beautiful,　wonderful,　exciting,　traditional,　buy a souvenir,　meet my friend
　　～だと知っている　～だと聞いている　　美しい　素晴らしい　わくわくさせる　伝統的な　おみやげを買う　友達に会う

Where will you go this summer?　What will you do there?

B				
I				
N			Free	
G				
O				

資料2-13

My Trip Abroad 作成メモ

_____班_____番　氏名_____

　My Trip Abroad(私の海外旅行計画)＝君がこの夏、海外旅行に行くとします。行きたいと思う国や場所、やること等の計画文を書いてもらい発表してもらいます。行く予定の国（場所）、そこでやろうと思うこと、しなければならないこと、しなくても良いこと、その国（場所）についてどう思うか、等を**まず書いてもらいます**。次の表現を使うことを条件とします。

（　◎　be going to，will，won't，must，mustn't，have to，don't have to，think that **の中から4つ以上の表現を使うこと。**）

　全員が 8 文～14 文で書く。4つ以上の表現を使う。旅行パンフ、図書館の本、その他を使って下調べと準備をし、日本語のメモを先に埋めよう。　　　　　　　（○の内容は必須）

項目	具体的名前や内容	英語で表現すると？
○行く予定の国（場所）		
○期間		
○行こうと思う場所		
○そのためにしなければならないこと		
○しようと思うこと		
○見ようと思うもの		
○買おうと思うもの		
○食べようと思うもの、等		
する必要のないこと		
○どんな国だと思うか		
その他、何でも		
見ようと思うこと		

4　清書の英文を仕上げる時間の取り組み

　清書の英文を仕上げる時間の取り組みは次のように行いました。公開授業にあてたこともありました。

（1）確認の意味でBingoの表現を1回発音。
（2）2年生で習った表現の復習（パワポで）。
（3）K先生のMy Summer Planをグループで読み取り、質問項目の（　）を埋める。（資料2-14）。読み取りを終えたら、グループで合わせ読みを行います。7分ほど経った後、答えと表現の確認をします。
（4）実際にMy Summer Planを書く。

　　作成メモ、Bingoシート、例文、辞書を頼りに8～14文のPlanを書かせます。わからないところはすぐに聞けるように4人グループを作って行わせます。「わからないところは友達に聞くんだよ。自分が終わったら周りの人を気遣ってあげて」などを確認しておきます。グループの人全員が8文以上書けたら班長は黒板の番号に〇をつけます。終わった人やグループは発表に向けて読む練習をします。読めない単語については教師に聞いて良いことにします。

　学力が特に低い生徒には教師が一定の援助をすることがありますが、ほとんどの生徒たちは自分たちで協力し合って、それぞれの作品を一生懸命書きます。あるクラスでは20分弱で全員が8～14文の作品を書き上げることができました。段階を踏んで指導し、さらに生徒たちの学び合う関係が育ってきていますので1時間で全員がしっかりとした作品を書くことができました。

（5）最後の7分ほどの時間はコの字型の座席に戻し、有志の生徒に発表してもらいました。時間内で6人の生徒が発表してくれ

資料2-14

K先生のMy Summer Plan

I am going to stay in Spain for one month.
I will visit Madrid.
So, I must study English and Spanish hard.
I will talk with people and play soccer with them.
I will watch soccer games and visit some famous ruins.
　　　　　　　　　　　　　　　　有名な遺跡
I will buy spikes and some clothes.　　衣類
I will eat paella and some local foods.　パエリア
I will also go to a bullring.　　　　　闘牛場
I will see ordinary life of people.　　日常の生活
I think that every experience is important!
　　　　　　　　　　　　　　　一つひとつの経験
I think Spain is a positive country.　肯定的な
Thank you.

【質問】
1（　）に（　）滞在する予定。2英語と（　）を学ばなければならない。3サッカーの試合を見て、いくつかの有名は（　）を訪問する。4（　）と（　）を買う。5パエリアと（　）の食べ物を食べる。6一つひとつの（　）が（　）だと思う。7その国は（　）国だと思う。

ました。2年生の7月の時期としては難しいと思われる表現も含め、どの生徒もしっかり発表してくれました。

5　次の時間を使い、班内で発表会を開催

　次の時間の15分ほどを使い、班内で発表会を行い、コメントをもらうようにしました。2人の作品を紹介します。Rさんは比較的英語が得意な生徒、Aさんはそれほど得意な生徒ではありませんでした。作成メモを日本語で書き、ビンゴの表現や例文などを参考にして、グループで聞き合ってやらせることによって、全員が一定の長さの文を書けました。

My Summer Plan　　Rさん

I'm going to go to Italy for one month during summer vacation.
I have to speak English well. I will watch the soccer game to meet Mr. Nagatomo.
I will see Colosseo and St. Peter's. I will buy clothes. I will eat pasta and pizza. I don't have to eat Japanese food.
I think that Italy is a beautiful country. I will talk with Italian. I will buy a souvenir for my family. I must check the airplane schedule. Thank you.

My Summer Plan　　Aさん

I am going to go to France and stay there for one week.
I will go to Eiffel Tower. I have to study French. I will go to a world Heritage site. I will see the Mont-Saint-Michel at night. I will buy snacks and a Eiffel Tower souvenir. I will eat bread macaron and rusk.
I think that France is a beautiful country. I will watch a night view. Thank you.

　書いた**作品を交流する機会**として、私は次のようなパターンを使い分けていました。

（1）班内で作品発表会を行い交流する。この方法は発表者の負担を減らすことができてやりやすいです。班で1名を選んで、全体に発表してもらうこともありました。

（2）全員の発表を一度に聞けるように、発表会を設ける。聞く生徒もしっかり聞くように各自に「評価と感想」表を持たせ、記入しながら聞いてもらうようにします。

（3）全員の発表を何回かに分けて、各授業のはじめに数人ずつ発表してもらう。「評価と感想」表を持たせて行うのは（2）と同じです。

（4）全生徒の作品を廊下に掲示し、友だちの作品を読んで Reading Report を書いて提出してもらいました。報告内容は、①自分のクラスの生徒の作品全体を読んで、「特に良かった」作品を5つ選び、感想も簡単に書かせる。②ほかのクラスの人の作品を読んで、特に良いものがあれば書かせるやり方でした。友だちの作品を一生懸命に読んでいる生徒が多くいました。

B 英語の文の書き方を指導する

　２年生の半ばまでは一定の長さの文を書かせる場合、作成メモを書かせて、その後英文にさせ、一定の分量の英文を書かせていました。２年生の後半からは文章を羅列に終わらせず、英文でのまとまった文の書き方を指導しました。使った資料は次のもので（資料2-15）、基本的パターンを学んだ上で、自分自身の文章を書かせました。

　この基本パターンを学んだ上で、２年生の後半から３年生２学期までで、「好きな季節」「私の夢」「好きなスポーツ」「行ってみたい場所」などを書かせてきました。例文を示して書かせて、添削して（多くの場合、ALT に添削してもらいました）返し、改めて清書をし、文を覚えてしまうことを奨励していました。「私の夢」は２年生の終わりに書いてもらいましたが、夢を思い描けない生徒も少なくなく、全員の提出にはならず、３年生の卒業前に改めて書いてもらうことにしました。

C ３年間の学びを英語卒業論文にまとめる

　３年生の２月、３年間学んできたことの総まとめとして、英語卒業論文の執筆（My Dream を全員、My Opinion を書ける生徒で）を課しました。前年の12月に「卒業文集を My Dream、My Opinion で書いてもらうので、内容を考えておくように」連絡しておきました。

　授業での時間は約３時間。入試、卒業前の超多忙な時期だけに、生徒にも教師にも大きな負担にならないようにし、しかも My Dream を全員が書けるように、パターン（Introduction, Body, Conclusion）と例文を示して試みました。

1　教師の例文

　私は４つの例文を用意しました。（1）My Dream（やや深いバージョン）、（2）My Dream（書きやすいバージョン）、（3）（4）My Opinion（私の意見を２つ）。（1）と（3）のみを紹介します。

> （1）My Dream　Hello, everyone. I will talk about my dream. I want to be a climber in the future. I have two reasons for it. / First, I like mountains very much. There are many beautiful mountains in Japan. Second, I will visit some foreign countries. I hope to climb mountains in Switzerland, France and New Zealand. / I will study at a university from next April, but I will find time to go to mountains. I will do my best to be a good climber in the future.

資料2-15

Writing　まとまった英文の書き方

2年___組___番　氏名_____

1　英語でまとまった文を書く場合には、基本的なパターンがあります。教科書の次の例文を読んでみましょう。

Which do you **like better**, winter vacation **or** summer vacation?　Why?
（冬休みと夏休みでは、どちらがより好きですか？　　なぜ？）

| I like summer vacation better. **I have** three **reasons**.　**First**, summer vacation is longer than winter vacation.　So we can go on a long trip.　**Second**, we have more sunlight.　We can play sports <u>for longer hours</u>.　**Last**, we can enjoy fireworks <u>at night</u>.　Watching fireworks is <u>the best thing to do</u> in summer.　**So** <u>I'm looking forward to</u> the next summer vacation. | 夏休みの方が好きです。**3つ**（　　　　　　　）。　**第一に**、夏休みは冬休み（　　　　　）。だから長い旅行に（　　　　　　　）。　**第二に**、日光がより多いです。より長い時間（　　　　　　　　　）。　**最後に**、夜に（　　　　　　　）。花火を見ることは夏にする（　　　　）です。　**だから**私は次の夏休みを（　　　　　） |

2　文を書く基本的パターンを確認しよう。
　　まとまった英文を書く場合には次のような構成にすると書きやすいです。

タイトルを書く。	
序論（Introduction）	話題を示し、自分の考えを書く。理由の数も述べる。
展開（Body）	理由を2つか3つ述べる。
結論（Conclusion）	文全体をまとめ、結論を書く。

3　次の質問に対する自分の答えをまとまった英文で書いてみよう。
Which do you **like better**, spring or autumn?　Why?
をテーマに、5～6文で自分の考えを書きなさい。

	メモ	英文
序論 Introduction	どちら 理由の数	
展開 Body	理由1 理由2 （理由3）	
結論 Conclusion	まとめ	

> （3） My Opinion Hello, everyone. I will talk about *manabiai gakusyu*. I think our school should continue *manabiai gakusyu*. / I have two reasons for it. First, *manabiai gakusyu* is very good for students. They can ask and teach each other. It is good for their learning. They become very friendly too. Second, our school has become a very good one through *manabiai gakusyu*. Students had many kinds of troubles six years ago. / We will graduate from our school in March. But I hope our school will continue *manabiai* and become a better one. Thank you very much.

2　授業の進め方

（1）単語学習（教科書 p.103〜104）
（2）Essay の書き方確認（Introduction, Body, Conclusion）
（3）例文の学習
（4）My Dream 下書き執筆（グループの全員が書けるように協力し合う）
（5）教師・ALT のチェックと清書
（6）My Dream が終わった生徒は、My Opinion の執筆
（7）清書した後、廊下に掲示して交流

3　取り組みの様子

　忙しい時期で、重みのあるテーマでしたが、3時間の授業でほぼ全員が My Dream を完成させることができました。欠席だった生徒には教師の個別援助も含めて書いてもらい、全員の My Dream が完成しました。そして36人の生徒が多様な内容の My Opinion も執筆して提出しました（96人中）。全員が My Dream を書いて提出するのは厳しいかと考えていましたが、予想以上の提出率で、My Dream, My Opinion とも内容的に読み応えのあるものが大変多かったです。やはり自己表現は楽しいものです。生徒と対話ができますし、生徒のことを深く知ることができます。

　3年生の全員が英語で My Dream を書いて卒業していった意義はとても大きいものがあると考えています。後で書きますが、卒業式前日に行った「感謝と激励のつどい」で私は、「20年後、君たちとまた会いたい。My Dream を全員に書いてもらったが、35歳になった君たちがどんなふうに頑張っているのか、教えてもらうのを楽しみにしている」という趣旨の話をしました。その後、「先生、20年後に会いましょう！」と何人かの生徒が言ってきてくれました。「夢の実現に向け頑張ります！」と言っているように感じて嬉しく思いました。

　準備にはかなり神経を使いましたが、取り組み過程としてはそれほど大きな負担もなく、全員が書けた理由として、次のことがあげられると思います。

(1) 作文練習(簡単な Essay の書き方)を積み上げてきていたこと。
(2) 書く形式と例文を示してやったこと。
(3) 「My Dream を全員が書く」という目標の下に、グループ・クラスで援助し合ったこと。
(4) 友達同士の学びあう、支えあう関係ができていること。ケアし合う関係ができていること。
(5) 教科外、学年の取り組み、学習などにより、生徒たちが「書く内容」を持っていたこと。

生徒の作品の中から、My Dream を 2 つ、My Opinion を 3 つ原文のままで紹介します。生徒たちの力作をぜひ読んでみてください。

My Dream　　Yさん

Hello, everyone. I will talk about my dream. I want to be a farmer. I have two reasons for it.

First, I like nature very much. And I want to do a job which has some connection with nature. Second, I want to eat vegetables I make. Also, I want many people to eat vegetables more.

I will do my best to serve the good and safe vegetables to many people. Thank you.

My Dream　　Uさん

I want to be a Korean interpreter in the future. I have two reasons for it.

First, I like Korea. There are many wonderful places in Korea. Second, I want to speak with Korean people. I thought so when I watched Korean dramas.

I will study at a high school from next April. So I will do my best to be a good Korean interpreter in the future. Thank you.

The importance of school　　〇君

I think school is very important. I have two reasons.

First, we will have many conversations with many kinds of people in society, so we must learn it. To go to school makes many students social. Schools are perfect places for students to learn it. Second, I think we can learn other things.

To go to a school helps our future. Why don't we enjoy going to school together?

Forever the earth
Sさん

　Hello, I'm going to talk about my opinion. We must save the earth. Very bad events are happening now. The earth has a problem that is global warming. We learned about them at school. One of teachers said, "There is not a light future for you." I was very shocked by hearing these words. Why can't we have light future? So, I thought about them very hard. And I understood two things for it.

　First, we had a big problem in my country. About three years ago, we had a big accident in Fukushima. A lot of uranium was leaked. Many people can't go back home even now.

　Second, Japan is an island country. The day will come when Japan goes under the sea. If it happens we will become refugees. Where is our new country? I think there is not ground which all Japanese can live with.

　I want to save the earth. I'm for and against atomic energy. Because, if we stop using it, we have to use more fossil fuels. It is bad for the earth. And it helps global warming. But there are many people who are working there. However, atomic energy is very dangerous. So, I can't decide what we should do.

　I don't want to lose many animals and nature. To think of the earth is to live together. I love the earth. We can change our future by ourselves. We should do something to the earth. I hope the earth can last forever!

About seasons
Mさん

　Hello, everyone. I'll talk about seasons. I like seasons very much. I have two reasons.

　First, Japan has many seasons: spring, summer, fall and winter. Cherry blossoms bloom in spring. We can see autumn leaves in fall. The plants are unique in Japan. So, it's fun to see them.

　Second, the difference of temperature is wonderful and interesting. Summer is hot and winter is cold. So we can swim in the pool in summer. We get into bed in winter. As temperature changes in one year, clothes and the way of life change. It is very exciting.

　Like this, we have four wonderful seasons. I want to thank to it.

参考文献

1）土屋澄男（2004）『英語コミュニケーションの基礎を作る音読指導』研究社（p.11〜12）

2）福田香里（2018）実践報告「協同学習で作る全員参加の授業」（『新英語教育』誌1月号、連載「協同学習・学習集団づくりのすすめ！」)

3）根岸恒雄（2012）「学びの共同体づくりと英語科での協同学習」（『協同学習を取り入れた英語授業のすすめ』研究社（p.92〜96））。

第3章

英語授業での協同学習（実践編Ⅱ）
（教科書からの発展、歌、プロジェクト学習、教師の実践力を高める他）

　教科書を使った学習で基礎・基本の力を高めるとともに、教科書の内容を発展させたり、それ以外の教材も使った学習やプロジェクト学習にも力を入れてきました。私が行ってきた中からいくつかを紹介し、追実践も可能になるように書いてみます。英語の授業で「主体的・対話的で深い学び」をめざす取り組みにもなっていると思います。

Ⅰ　教科書からの発展

A 『かわいそうなぞう』 "Faithful Elephants" を読む

　Sunshine の3年生教科書の Program 4 は "Faithful Elephants"（かわいそうなぞう）です。この Program をどう扱ったかを『新英語教育』誌2014年1月号に寄せた文を使い紹介します。

1 『かわいそうなぞう』についての考察

　Sunshine 3年生の Program 4 は、読み物教材として "Faithful Elephants" を扱っています。新文法事項はないですが、新出単語も多く、so ～ that…や too ～ to…などの重要表現も出てきています。

　この読み物は児童文学作家の土家由岐雄により書かれた『かわいそうなぞう』をもとに書かれています。土家の作品は、動物園の人が回顧しながら現代の子供たちに語りかける形で書かれています。太平洋戦争中に象が殺処分を受けた事実をもとに書かれていますが、史実とは違う形で創作されている部分があります。（1）殺処分を命じたのは軍ではなく、当時の東京都長官であった、（2）目的は「逃げ出したら危険」というよりも、「国民に戦争の切迫感を感じさせること」が中心であった、（3）殺処分がされたのは1943年夏であり、激しい東京空襲は1944年11月から始まった、などで

す。
　土家は単に殺処分を命じた者の責任を問うのでなく、象も含め動物たちまで殺された事実と飼育員の心の葛藤を描き、戦争が何をもたらすのかを後世の、とりわけ子供たちに伝え、戦争による不幸が二度と起こらないような社会を求めたのではないでしょうか。それを象が死んだ後、「どの人（動物園の人）も象に抱き付いたまま『戦争をやめろ』『戦争をやめてくれ…やめてくれえ…』と、心の中で叫びました」（1951年版）と表現したのではないでしょうか。
　戦争を知らない世代が大多数を占め、日本の進路が大きく問われている今こそ、「戦争とはどういうものか」を知る上で価値ある読み物になっていると思います。創作の部分も含みますが、事実をもとにした物語として読めるのではないでしょうか。

2　英語の授業で扱う意味

　私はこの教材を扱うねらいを次の４つにしました。

（1）戦争とはどういうものかを知る。遠い存在とも言える戦争について考える機会にする。
（2）新出単語や重要表現を学び覚える。
（3）仲間と力を合わせて内容を読み取り、一緒に音読したりする機会にする。
（4）内容を味わいながら音読し、多様な読み方を体験する機会にする。

3　授業での扱い

　各セクションは１時間で、次のように扱いました。

（1）歌 "Dance With My Father"。
（2）単語・表現学習（単語の数が多く重要な表現も含まれているので、単語の対訳プリントを用意し、全体で学んだ後ペアで練習する）。
（3）Listening（２回）から Chorus Reading へ。
（4）グループで読み取り、終わったら合わせ読み。
（5）答え合わせと説明、重要表現確認。
（6）Chorus Reading から CD での Repeating や Shadowing, またはグループでの Reading。

4　グループによる読み取り、教師による説明

　例えば、セクション2のグループ読み取りは次のように行いました。読み取り時間は約10分で、解き終わったら合わせ読み（4人で声を合わせて音読する）をさせました。

4－2発問
（1）飼育係は象を殺すことをどう考えていましたか？
（2）最初にジョンをどう殺そうと思いましたか？
（3）それに対しジョンはどうしましたか？
（4）2つ目の方法はなぜ成功しなかったのですか？
（5）3つ目の方法はどんな方法で、結果はどうでしたか？

　授業開始から、単語学習、本文のChorus Readingまでコの字型の座席で学んだ後、4人グループを作り、5つの発問に答えさせました。「わからないところは聞くんだよ。なぜそうなるのかまで確認しよう」と指示。生徒たちは自分でやりながら、わからないところは聞き合い、協同で課題に取り組みました。

　全員が答えを書いたグループは班長が挙手で教師に報告し、4人で音読を始めます。教師は黒板に班の番号を書いておき、報告のあったグループの番号を○で囲みます。10分間で○が付くのは8班のうち6班くらいの場合が多いですが、一定の時間で切り、答えの発表と説明に移ります。

　発表は基本的に教師の指名で行い、○の付いたグループから英語が得意でない生徒も含めて指名しました。やらない生徒をつくらないためです。時には、なぜそうなるのかを問うこともありました。答えの確認をした後、教師が本文の大切な表現や難しい文の解説を行い、音読練習をしました。

　グループでの読み取りについての意見を、後に行った授業アンケートで書いてもらいました。ほぼすべて肯定的でしたが、いくつか紹介してみます。

☆ 良い取り組みだと思う。わからない人は聞くことで勉強になり、教える人にも力がつくと思う。
☆ とてもいいと思う。もっとやるべき。
☆ 読み取りを友だちに教えるとき、時間内に終わらないので、もう少し伸ばしてほしい。
☆ 皆で相談するから、話す機会が増え、友好度も増して良いと思う。
☆ グループでの答えがたくさん出て良い。

☆ 班員の意見も聞くことができ、わからない人も積極的に聞けるようになるからいいと思う。
☆ わからないことをすぐ聞けるから理解できる。班で読み取りをすると効率が良い。

5　Readingの様子

　内容や表現を確認した後のReading練習は、いくつかのバリエーションを作って行いました。いずれも教師やCDに続いてChorus Readingを行ったり合わせ読みを行った後、個人やグループでの練習時間を若干設け、その後教科書を見ないでCDに続けてRepeating（間をあけて繰り返す）をしたり、Shadowing（間をあけずに繰り返す）をしたりしました。付属CDは音響効果もついており、表現読みをさせるのにも効果的です。

　4人グループで読み練習をすることもありました。立って4人で情景を伝えるように合わせ読みを行った後、1文ずつリレー読み（交代で読んでいく）をし、終わったら座ります。
グループで読む課題は予想以上に楽しそうにやっていました。

　ある生徒がReading練習について「英語を覚えるためにはこれが一番いいと思う」と書いていました。

グループで読み取り

6　DVD「3月10日　東京大空襲」で学ぶ

　物語を読み終えた後、空襲と戦争について学ばせたいと考え、DVDを見せることにしました。新英語教育研究会のメーリング・リストを通して教えていただいたDVDの中から『3月10日東京大空襲 語られなかった33枚の真実』（2008年TBS放送）を選ばせてもらいました。1945年警視庁の写真係だった石川光陽氏が「記録を写真に残せ」と命ぜられて撮った写真をめぐるドキュメンタリーで、東京大空襲がどのように実行され、どれほど凄惨なもので、戦争がいかに悲惨なものだったのかがよくわかる番組になっています。2008年秋に亡くなった筑紫哲也氏も執念を燃やしながら作った番組で、番組の最後で闘病中の姿でその被害状況を報告しています。生徒にはこれを46分に編集したものを見せました。

　視聴後、生徒に感想を書かせました。「日本語で良いが、2文以上の英文を含むこ

とを目標」にして書かせ、例の表現として、I was shocked by the DVD. と I think that war is terrible. を示しておきました。短時間で書いたものですが、全部英語で書いた２人の感想を原文のまま紹介します。

> I think war is terrible and so sad. I don't want to went to war again, and I don't want to see sad people. I have already knew about war, but I had never watched like the DVD. I'm happy to see the DVD and I could know about war. I am against war!
>
> Yさん

> I felt sad by the DVD. I think that the people were very poor. I think war is terrible. We mustn't do any war. It is important for us to be friendly around the world. I hope that peace for the world.
>
> Sさん

２年生のときには学校を休んでいることの多かったAさんは、次のように書いています。

> アメリカの無差別の攻撃で多くの人がなくなって、すごくつらかった。これから先、日本に戦争がおこるようなことは絶対にしてほしくない。二度と戦争なんてやっちゃいけないと思う。うちらは戦争を本当に体験してないからこそ、こーゆDVDをもっと見て、戦争のおそろしさなどをわからなきゃいけないと思う。

7 アンケートで教え方、学び方を検証する

授業実施後、授業アンケートを取りました。調査項目と結果について、いくつかを紹介します。

> 1 この話を以前、日本語の本で読んだことがありましたか？
>   あった（25％）、なかった（75％）
> 2 本は読んでいないけど、この話は知っていましたか？
>   知っていた（40％）、知らなかった（60％）
> 3 あなたが象の飼育員だったとしたら、どうしたと思いますか？（略）
> 4 この話の感想、考えを書いてください。（略）
> 5 英語の授業で Faithful Elephants のような内容のある作品を読むことをどう思いますか？
>   賛成（84％）、反対（1％）、どちらとも言えない（15％）
> 6 今回、DVDを見せましたが、このような関連学習を入れることをどう思いますか？
>   良いと思う（86％）、いらないと思う（2％）、どちらとも言えない（12％）
>   ＊「どちらとも言えない」理由は、「意味はあると思うが、読んだり見たり

するとつらくなってしまうので」と書いた人が複数いました。
7　授業の方法について、項目別の意見。（略）
8　今回の学習を通して、自分が学んだことや、変わったことがありましたか？
　　あった（77％）、なかった（11％）、どちらとも言えない（12％）

5の「内容のある作品を読むこと」に賛成の理由の中から紹介。

☆ こういう作品を読むと英語が好きになる。（T君）
☆ 物語形式の方がやる気が出る。（Yさん）
☆ 英語とともに、歴史も学べ、世界が広がる。（Kさん）
☆ 読むのが楽しいから。（Hさん）
☆ 戦争がどんなことをしたのかわかり、二度としたくない気持ちになるから。（Yさん）

8の「今回の学習を通して、学んだこと、変わったこと」の中から紹介。

☆ 戦争は二度としてはならないと改めて思った。戦争から生まれるものは、悲しみや苦しみしかない。世界中が早く平和になることを願っている。（Nさん）
☆ 日本のことを英語で学ぶと、さらに深く感じることを学べた。（S君）
☆ 今、憲法改正をしようと考えている人がいるが、今の平和がいかに大切なのかを考えさせられた。（Uさん）
☆ 戦争はこのような形で、人や動物を傷つけるということ。（S君）
☆ 戦争なんて二度と起こさないでほしい！（Tさん）

8　終わりに

　今回の学習やアンケートを通して、子供たちが内容のある作品を読んだり、関連学習をしていくことを歓迎していることがよくわかりました。引き続き、英語教育を通して世界を学ばせる取り組みを行っていきたいと思います。子供たちが生きていくのにプラスになる学びを保障していくのが私たち大人の仕事と言えるでしょう。

B 「リオの伝説のスピーチ」を表現活動につなげる

　2011年、入試直前の2月中旬、*Sunshine* 3年の付録 Reading「リオの伝説のスピーチ」（教科書でのタイトルは "Hope for the Future"）を4時間で扱いました。

第3章　英語授業での協同学習（実践編Ⅱ）（教科書からの発展、歌、プロジェクト学習他）

1　ハンドアウトの文から

この授業のねらいと取り組みをハンドアウトで次のように説明しました。

> カナダ在住の日系4世、セヴァン・スズキさんが12歳のときに、ブラジルのリオデジャネイロで開かれた国連の地球環境サミットで行った演説（要約）を読みます。地球環境を守るために彼女が行った演説は各国代表をすっかり感心させ、「リオの伝説のスピーチ」として歴史に残るものとなりました。みなさんより若い少女が行った演説を読み、私たちの未来のために、地球環境保護を真剣に考える機会にしましょう。
>
> この文を読んだ後、演説の全文（日本語）を読み、実際の演説をDVDで見ます。一体どんな学習と体験をすれば彼女のような確信を持った、本当に内容の深い演説ができるのでしょうか？　彼女の演説から学び、私たちも私たちらしい「セヴァン・スズキ」をめざしましょう。

2　読み取りから、現代に合わせた表現活動へ　　　1.5時間

グループを作らせた上で、教科書の82ページに関して3つのことをやらせました。

（1）教科書の82ページの内容を和訳の（　　）を埋めながら読み取る。

（2）I'm afraid to breathe the air because I don't know what chemicals are in it. の文をグループで「名訳」する。

（3）I'm afraid to ～ because (of) …の文を参考にして、現代の状況を表現する文をグループで協力して書く。

p.82　英　文	和　訳
Hello, I'm Severn Suzuki speaking on behalf of ECO, the Environmental Children's Organization. I'm fighting for my future. I'm here to speak for all future generations. I'm here to speak for the countless animals <u>dying</u> across this planet. I'm afraid to go out in the sun now **because of** the holes in the ozone.	こんにちは、私の名前はセヴン・スズキ、ECOの（　　　）として話しています、環境子供（　　　）です。私は（　　　）のために戦っています。私は話すためにここにいます（すべての　　来）の世代のために。私は話すためにここにいます（すべての　　来）のために<u>地球のいたるところで死んでいっている</u>。私は怖いです今（　　　　　）がオゾンホールのために。

| ○ I'm afraid to breathe the air because I don't know what chemicals are in it. And now we hear about animals and plants becoming extinct every day -- vanishing forever. | ○名訳：

そして今私たちは聞いています
（　　　　　）していく動物や植物について
毎日
―― 永遠に消えていくのです。 |

（3）の文をグループで考えさせるために私は2つの例文を示しました。

I'm afraid to eat food **because** I don't know what chemicals are in it.
I'm afraid to receive a phone **because** many apartment sellers often call me.

生徒がグループで作った文です。各グループから発表してもらいました。

I'm afraid to eat foreign vegetables because we don't know if they are safe.
I'm afraid to use the Internet because it's very dangerous.
I'm afraid to meet my mother because she says me to study hard every day.（絵付き）
I'm afraid of China because I don't know what to do
I'm afraid to live because I don't know what people think!
I'm afraid to receive mails because I don't know who it is from.

3　演説全体を学び、感想とメッセージを書く　　　2.5時間

　教科書の文はセヴァンのスピーチの要約でした。12歳のセヴァンが行ったスピーチ全体を学び、自分たちの課題として考えてほしいと思い、次のように授業を組みました。
（1）セヴァンの演説全体を日本語で読み、その後ビデオを英語で見る。
（2）演説を読んで、聞いての感想を書く。
（3）「環境と開発に関する国際連合会議」の各国代表へのメッセージを書く。
　この活動のためのハンドアウトの内容は次のようになっていました。

1　この演説を読んで、聞いての感想を書きなさい。
2　「環境と開発に関する国際連合会議」を前にして
　　今年夏に開かれる各国代表や非政府組織（NGO）の代表を集めて「環境と開発に関する国際連合会議」が開催されます。内容は、地球温暖化対策をはじめとする環境問題です。**各国代表を前にしてあなたが学校を代表して、メッセージを送ることになりました。**参加国の代表はこれからの世界に大きな影響力を持つ人たちです。あなたはどんなメッセージを送りますか。**400字程度でその原稿を書きなさい。**
3　資料として、(1) G8サミット（主要8か国首脳会議）についての説明、(2) 2007年のドイツ・サミットでの合意事項「2050年までに世界全体の温室効果ガスの排出量を少なくとも半減することを真剣に検討する」などを紹介。

1．この演説を読んで、聞いての感想からOさんのものを紹介します。

　I was very surprised because the great speech was made by a child who was 12 years old. Maybe I can't make the speech like that. I really understand that the earth is very dangerous now. And I think everybody on the earth has to think about environment of the earth. I want all adults to do their best for our wonderful future.

2．「環境と開発に関する国際連合会議」の各国代表に送るメッセージとして書かれた中からOさんのものを紹介します。

　At first, I would like to ask you. It is about your big power use for peace and environment of the earth. I think it is not impossible. But we think ourselves. So it is difficult to think about other people. We need the money for our lives. It is true. But if we had kindness for other people, we can share the money each other.

　And we sometimes mistake that the earth is human's. So we cornered any animals in danger of extinction. But we just a kind of animal. All animals should be equal. We often forget important things like this.

　At last, do you know the existences of children who have no houses to live in and no food to eat? Or do you look other way? Please turn your eyes! Please think seriously about solutions! This is all that I wish to say

> to you. Thank you.

　Oさんはすべて英語で立派なメッセージを書きました。「中3でもこれだけ書けるのだ」と私は感心しました。日本語で書いた人のメッセージも紹介します。Sさんのものです。

> 　私たち人間は、自分たちが破壊してしまった地球の環境について、学び、考え直すことが必要だと思う。（部分略）
> 　地球が1つの大きな家族だと言う人たちがいる。では、大人は子供たちの幸福を本当に望んでいると言えるのだろうか。望んでいるのであれば、なぜ、私たち子供が未来を生きていく上で欠かすことのできない環境を破壊するのだ？
> 　地球は1つの家族だ。植物も、動物も、魚類も、虫も…すべてを合わせて大きな家族だと言える。家族はお互いで協力し合い、環境を改善していくべきである。私たち子供の未来の幸福のためにも、平和で安全な地球を作って欲しい。

　2011年2月に書かれたメッセージですが、今、ますます各国の首脳に強く訴えたい内容です。内容のある教材から学び、子供たちの考えを問い、表現させ、多くの人で交流することが「主体的・対話的で深い学び」を促進することになるでしょう。

Ⅱ　英語の歌で楽しく学びを深める

　英語の歌を使った実践を私はずっと続けています。Reading-Listening方式と言うやり方で「英語の歌の導入と鑑賞」をし、次の時間から授業のはじめに立って歌うのが多くの場合の私のやり方です。全校で協同学習を進めていたときの公開授業でこの方法を使ったことも何度かありました。

　英語の歌の歌詞内容まで考えさせて導入するのはなかなか難しくありませんか？使われている語法を教師が詳しく説明し内容を確認していくと、生徒はだんだん下を向いてしまい、聞いているのかどうかわからなくなってしまうことがあります。しかし語法の学習をしなかったり、歌詞の内容を考えなければ、英語の歌を扱う意義も薄れてしまうでしょう。そうした中で私が考えだしたのがReading-Listening方式と言うやり方でした。

　私はこの方法を使うようになってから、どの歌を扱っても導入で失敗することはなくなりました。しかも私が扱う歌の多くはメッセージ性を強く持つ歌です。前著『楽しく英語力を高める"あの手この手"』でも紹介しましたが、この方式は英語の歌の

導入で学びを深めさせるとても良い方法だと考えています。しかもグループを活用できるのも良いところでしょう。英語教育に関する講座やワークショップで紹介してきたこともあり、この方法を採用している方も増えてきているようです。興味のある方はぜひ試してみてください。

A Reading-Listening 方式による「歌の導入と鑑賞」

　この方法による「導入と鑑賞」の仕方を紹介します。グループ学習を取り入れることにより「学習への全員参加」と「深い学びの実現」をめざせるように思います。Kiroro の「未来へ」は有名な歌ですが、その歌の英語版をニュージーランド出身の Hayley Westenra という歌手が歌っています。

　歌詞プリントを見ながらこの方法を確認していただきたいところですが、版権の関係で載せられなくなってしまいました。歌詞はインターネットで「Hayley Westenra: 未来へ」で検索でき、曲も聞くことができるでしょう。歌詞プリントの形式は p.92 の Zero Landmine のものを参照してください。なお、プリント右下の Let's learn new words！の表は、後から説明する簡略版 Reading-Listening 方式用ですので、「未来へ」のプリントにはついていません。

　私は中学 3 年生の 5 月、母の日を前にしてこの歌を扱っていましたが、現在は大学生にも教えて、一緒に歌っています。

1　Reading-Listening 方式の手順

（1）その歌や歌手についての説明をハンドアウトの右下の説明を使い 2 分ほどで行う。
（2）歌詞プリントの単語の中から 10 〜 15 個程を空欄にして番号をつける。8 割程度を既習の語、2 割程度を未習の語にしておくと、「達成感」と「挑戦心」を養えるように思う。
（3）グループを作らせ、英語の歌詞と和訳を読んで空欄に入る単語を入れさせる。生徒は英文と日本文を一生懸命読み、歌のメッセージを読み取るとともに、（　　）に入る語について相談することができる。辞書を使いながらやらせる。このとき正しく書けた単語は一つにつき 2 ポイントになる。
　　　　　　　　　　　　　　　　　　　（Reading:10 〜 15 分間）

Reading に取り組む 2 人

（4）グループを作ったまま、CDを聞いて空欄に書いた語の確認をする。すでに書けている場合には聞いて確認。聞いて初めて書けた場合には単語一つにつき、1ポイントになる。　　　　　　　　　　　（Listening：5分間）
　（5）全体授業（コの字）の形に戻し、空欄に入る語を発表してもらい確認しながら、必要な解説を加え語法や詩の内容が理解できるようにする。これまでの復習を行うことも、これから習うことを事前学習することも可能である。　　　　　　　　　　　　　　　　　　　　　　　（8〜13分ほど）
　（6）自分が最も感銘を受けたり、共感する文や表現に下線を引かせながらもう一度聞かせる。後でそれらを交流するためである。（Listening②：5分間）
　（7）自分が最も感銘を受け、共感する文や表現を理由も含めて発表してもらい、交流しながら歌詞の解釈を深めていく。　　　（鑑賞：5〜8分ほど）
　（8）必要に応じ歌の感想を書いてもらう。　　　　　　　　　（2分ほど）

2　Reading-Listening 方式についての生徒の意見

ある年の3年生1クラス33人のこの方式についての自由記述のまとめです。

1．良い、大変良い	12人	4．曲の意味を考えられる	4人
2．リスニングの力がつく	6人	5．聞くことなど英語の力がつく	3人
3．文法の確認や単語が学べる	6人	6．英語学習が楽しくなる	2人
4．英語に直す力がつく	5人		

B 歌 "Try Everything" を扱った実践

　『新英語教育』誌では「授業に歌を」という連載を行っており、私はこれまで20曲を紹介する実践報告を書いてきました。その中から2017年10月号に報告したShakiraの "Try Everything"（映画『ズートピア』の主題歌）を紹介します。大学1年生と2年生の英語の授業で Reading-Listening 方式で扱ったものです。

1　映画『ズートピア』と "Try Everything"

　『ズートピア』（原題：Zootopia）は、2016年のアメリカ合衆国のコメディ・アドベンチャー映画。ディズニー・スタジオにより製作され、2016年2月に初公開。日本で4月末に公開されました。ズートピアというのは、ズー（動物園）とユートピア（楽園）を組み合わせた造語で、動物が進化し、種族の垣根を越えて平和に暮らす世界です。
　主人公はズートピア初のウサギの女性新米警察官のジュディ。幼いころから警察官として働く夢を見て努力を重ね、警察官になった後、ぞんざいな扱いを受けてもめげ

ずに努力と勇気で困難を乗り越えてきました。

　映画に登場する美しき実力派ポップスターのガゼル（Shakira）が主題歌である"Try Everything"を歌います。新しいことに次々と挑戦し、困難や偏見を乗り越えて生きていく主人公の生き方を称え、多くの人たちに勇気を与えてくれる曲と言えるでしょう。

2　主題歌を歌う2人の歌手

　主題歌"Try Everything"は日本語吹替えバージョンでは、E-girlsのボーカルAmiが、原曲の英語版ではコロンビア出身のポップシンガー・シャキーラ（Shakira）が歌っています。シャキーラはもともとスペイン語の歌を歌っていましたが、アメリカ進出後は英語で歌うことが増えています。日本語版も困難に立ち向かい諦めないことを歌う前向きな曲ですが、英語学習者には、勇気と元気を与えてくれるシャキーラの原曲を紹介したいものです。
両方を聞き比べてみてください。
日：https://www.youtube.com/watch?v=EIunkyaaRII
英：https://www.youtube.com/watch?v=c6rP-YP4c5I

3　大学生にReading-Listening方式で導入

　2016年9月、大学1年生と2年生の後期の授業開きにこの歌を導入し、次の時間からは授業のはじめに立って歌いました。歌詞プリントは英語の歌詞と私の日本語訳、歌の解説と*Zootopia*の写真を載せました。この歌詞プリントも版権の関係で載せられませんが、インターネットですぐに検索できますので、ぜひ読んでみてください。

　この歌の導入もReading-Listening方式で行いました。この方式の良いところは、①歌詞の意味をしっかり考えさせられる、②グループで協力して行えるので、苦手な生徒・学生も参加できる、③語や文法の説明も無理なくできる、④歌詞の解釈や歌の鑑賞にもつなげていける、などがあります。

　以下、今回の導入と鑑賞の様子です。
（1）この歌についての説明。資料を使い、2分ほど。
（2）Reading-Listening方式での導入。
　①Reading　10～13分：英文と日本文を読み比べ、（　）に入る英単語を推測させる。3～4人グ

大学生も立って歌う

ループを作り相談しながら、辞書を引かせてやらせる。正解は1つにつき2ポイント。この方法で歌の意味を知ることができます。

②Listening　4分：CDを聞き、（　）に入る語を確認させる。聞いて書けた場合は1つにつき1ポイント。このときもグループでやらせ、聞いた後、班での確認タイムを若干とります。

③答えの確認と語法などの説明。10分ほど。

全体で答えの確認と語法などの説明を行います。空欄の語の答えは次のようになります。

　① tonight　② always　③ Nobody　④ fail　⑤ come　⑥ heart
　⑦ breath　⑧ need　⑨ best　⑩ making

補足的に説明した語や語法は次のようなもの

> Nobodyの使い方、wanna = want to、take a deep breath、他。

（3）もう一度聞かせ、①自分が最も気に入った文、勇気づけられる文に下線を引く、②曲の感想を50～100字でプリントの氏名の下に書く、を指示しました。

（4）選んだ文を理由も含めて班内で交流。自分の考えを述べ、仲間の意見を聞く。2分ほど。

（5）下線が引かれ、感想が書かれたプリントを班ごとに集めて提出。　1分ほど。

4　大学生が共感した文は？

多くの学生から選ばれたのは次の文でした。

> ◎ I always get up now to see what's next
> ◎ Nobody learns without getting it wrong
> ◎ No I won't leave, I wanna try everything
> 　 I wanna try even though I could fail
> ◎ Baby you've done enough, take a deep breath
> 　 Don't beat yourself up,

5　この歌の感想

学生に書いてもらった感想の一部を紹介します。後期から担当したクラスでは、歌を扱うことを歓迎してくれた学生が多くいました。

> 洋楽を使って勉強するのは楽しい。歌にも英語にも興味を持てる。たまに、同じような授業をしてほしい。聞いても聴き取れなかったり、スペルがわからなかったりしたので、もっと学んで力をつけたい。　　　　　　　　　　　　　　　　　　　　○君

> 一回聞いたら忘れないくらいインパクトの強い曲だと思います。やはり日本の歌手とは歌い方が違うなと思いました。意味を知らなかったので、先生の訳を見て初めて知りました。感動、泣きました。　　　　　　　　　　　　　　　　　　　　　　　　　　　　I君

> 映画が好きなので、何回聞いてもあきない曲。まさか授業で取り上げられて学習するとは思ってもみなかったので嬉しい。　　　　　　　　　　　　　　　　　　　　A君

> 何かに挑戦してみたくなるようなリズムと歌詞だった。勇気の出る歌だと思った。私も新しいことや出会いに遭遇したいなと思った。そして『ズートピア』を観てみたくなった。　Sさん

> この曲はどれだけ失敗しても諦めない、負けないといったすごくポジティブな曲なので、良いと思いました。英語で歌えるように練習したいです。　　　　　　　　　K君

C 簡略版 Reading-Listening 方式を始める

　また、中学校での歌の扱いに戻ります。英語の歌を導入する方法として主にReading-Listening方式を何年も採用してきました。大変利点の多い方法ですが、難点として、(1) 導入と鑑賞に1時間近くかかる、(2) 学力の低い生徒にとっては英語の歌詞・日本語訳を読み比べ、(　) に語を入れていくのは難しいのではないか、と考えるようになりました (「ジャンプの課題」としてこの方法を使うのは意味があると考えていますが)。

　30分ほどの時間で導入し、よりわかりやすく、さらに未習単語をしっかり認識し、覚えられたらと考え、簡略版Reading-Listening方式を始めてみることにしました。

1 「涙そうそう」を簡略版で学ぶ

(1) ある年の2年生の9月の歌として、Hayley Westenra の "A Thousand Wind"（「千の風になって」の英語版）を扱いました。Reading-Listening方式で導入しましたが、日本で親しまれている曲だということもあり大変好評でした。生徒の感想の中に「Hayleyさんのほかの日本の歌も聞いてみたい」という感想を何人かが書いていました。せっかくなので、日本の名曲とも言える「なだそうそう」を英語で歌うことにしました。

(2) 今回は歌導入の時間短縮のため（目標時間30分）、簡略版で行いました。(　) に入れる以外の未習単語は歌詞の下に意味付きでまとめておきました。この歌詞プリントも載せられないのですが、「涙そうそう 歌詞 Hayley Westenra」で検索できますので、ぜひお読みください。導入と鑑賞の手順は次のようでした。

> ① 歌の説明：2分
> ② 新出単語確認（発音、意味の確認）　5分
> ③ Reading：英詩と和訳を読み比べて、（　）に入る語を推測する。このときに歌の意味を確認する。4人グループで。　8分
> ④ Listening：曲を聞いて、語を確認する。4人グループで。　5分
> ⑤ 答えと重要表現の確認。コの字型の座席に戻して。　7分
> ⑥ YouTubeから録ったHayleyさんの中国公演のビデオを見せる。　5分
> ⑦ この歌の感想と簡略版Reading-Listening方式についての意見を書いてもらう。　3分
>
> Hayleyが最後の部分を日本語で歌ったとき、生徒から感嘆の声があがりました。

（3）この歌の感想と簡略版Reading-Listening方式についての生徒の感想を紹介します。

"Nada Sou Sou"の感想	簡略版R-L方式についての意見
きれいな歌声で、日本の曲を外国の人がカバーして歌っているのもいいなと思いました。本当にいい曲だと改めて思いました。　Uさん	わかりやすくて苦手な私にもできそうです。　Uさん
ヘイリーさんは歌声がとても美しい。幸せな気持ちになりました。最後の日本語が「わー！スゴイ！」と言ってしまいました。　Mさん	単語をまとめてくださると後で自分でも練習しやすいので、便利だと思います。お願いします。　Kさん
この曲は好きだったので英語のもすごく好きです。英語でも元の曲の悲しい雰囲気がなくなっておらず、良い所をしっかり引き継いでいたので良かったです。　E君	学び合いで、みんなで調べあってできるので、この方法はとてもいいと思います。　E君
英語版の"Nada Sou Sou"が大好きになりました。今年歌った今までのどの曲よりも、素敵で、歌うと気持ちが良くなると思いました。　Sさん	とてもわかりやすくて良かったです。いつもは単語を調べて時間がかかりますが、早めに終わりました。　Wさん

このように簡略版Reading-Listening方式のメリットは、（1）短時間で導入と鑑賞を目指せる、（2）英語があまり得意でない生徒もより解きやすい、（3）単語を覚えることにも使いやすいなどがあげられます。一方、Reading-Listening方式は、より高い課題に挑戦させ、ジャンプの課題にもふさわしい方法だと思います。授業の目的により使い分けるのが良いと考えています。

2 "Zero Landmine" を簡略版で学ぶ

2013年１月、勤務校の協同学習（学び合い学習）研究会が行われ、私が２年生のクラスで公開授業を行いました。そのときに、歌 "Zero Landmine" の学習と鑑賞を簡略版 Reading-Listening 方式でおこないました。

（１）予備学習として地雷の話をする

公開授業の前の授業の終わりの10分ほどを使って、地雷や被害にあった人、子供たちの写真を見せながら、地雷被害の実態、現在地球に埋められている数（7000万個〜１億個と言われている）、除去の方法などの話をしました。予備知識を持っていると本番ですぐに歌の学習に入れるからです。

（２）公開授業本番

次の授業デザインで授業を実施しました。歌詞プリント（資料3-1、裏側には Artists の紹介を載せている）には新出単語を訳付きにし、最初に学んでから Reading で（　）を埋めて、その後 Listening で確認する簡略版 Reading-Listening 方式で導入しました。

この歌詞プリントは載せられることになりました！坂本龍一さんのマネジメント事務所の方が海外におられる坂本龍一さん（作曲）、David Sylvian さん（作詞）と楽曲の音楽出版社の同意を取ってくださったのです。関係資料を付けてお願いしましたので、掲載の主旨に賛同していただけたのではないかと考え、とても感謝しています。

２年３組　英語科授業デザイン

根岸恒雄、F 教諭、ALT

1　１月18日（金）　第５時
2　内容　歌「"Zero Landmine" の学習と鑑賞」
3　本時のねらい
　（１）歌で使われている単語や表現を理解させる。
　（２）深い内容を表す箇所を考えさせ、交流し鑑賞を深めさせる。
　（３）「学び合い学習」を促進し、全生徒の授業参加をめざす。
4　授業の流れ
　（１）授業の流れについての説明、単語学習　　　　　　　　コの字
　（２）Reading（英文と訳を読み比べ、英文の中の空欄を埋める）　グループ
　　　　（終わったグループは歌詞の合わせ読みをする）
　（３）Listening（CD を聞いて確認する）　　　　　　　　　グループ
　（４）答の確認、重要表現の確認
　（５）もう一度 Listening（最も感銘を受ける箇所はどこか考えながら聞く）
　　　　　　　　　　　　　　　　　　　　　　　　　　　　　グループ

（6）全体での交流　　　　　　　　　　　　　　　　　　コの字
　　（7）歌と坂本氏の活動に対する感想記入　　　　　　　　　個人
　5　授業評価のポイント
　　（1）単語や表現は理解できたか？
　　（2）感銘を受ける箇所について考え、深められたか？
　　（3）歌と坂本氏らの活動について自分の考えを表現できたか？
　6　座席表　（略）

　4の（4）では答と重要表現の確認をしながら、文の解釈も行っていきました。例として、

There's fire in the ground
　Q：fire とは何のこと？
In the space between the trees
In the forests and fields
　Q：fields は野原だけど、野原にあるというのはどういうこと？
On pathways, in dreams
　Q：小路や夢の中にもあるというのは？
A strong wind carrying fear and anger
Came and went and stole tomorrow
　Q：stole tomorrow とはどういうこと？　など

合わせ読みをするグループ

（5）、（6）の最も感銘を受ける部分とその理由の交流では、6人の生徒が発表してくれました。そのうち3人の発言を紹介します。

　第4スタンザの2、3行目。文：Take away the violence / Give the earth back its peace.（暴力を取り除け、地球に平和を取り戻せ）。理由：地雷を取り除き、地球から危険なものを取り除こうという願いが込められているていると感じたから。　　　Nさん

　第7スタンザの3、4行目。文：A strong wind carrying fear and anger / Came and went and stole tomorrow. 理由：誰にも明日は平等に来るはずなのに、「なぜ自分の国だけ明日が奪われてしまわなければならないのか」と感じたので。　　　Kさん

> 第7スタンザ全体。文：Who painted the green grass red with danger / Who coloured the big sky blue with sorrow / A strong wind carrying fear and anger / Came and went and stole tomorrow.（緑の草原を、危険な赤で塗ったのは誰？ 広い空を、悲しみの青に塗ったのは誰？ 強い風が恐れと怒りを運んできて、そして明日を奪っていってしまった）理由：地雷の被害を受けているのは半数が子供たち。大人が勝手に地雷を埋めて、被害を受けているのが子供。子供たちの大人への訴えが感じられる。毎日地雷におびえて暮らしていたり、被害を受けたりした子供は生きることの大変さから、未来への希望を失ってしまうのではないかと感じた。　　　　　　　　　　　　Sさん

（3）この歌の感想と坂本氏らの活動に対する感想から紹介。（原文まま）

この歌についての感想	坂本さんらの活動についての意見
I think this song is wonderful. This song is important. I think this feeling is important.　　　　　　　E君	I agree with Mr. Sakamoto. I think that Mr. Sakamoto's idea is nice. I want to clear landmines to help people.　　　　　　　K君
地雷についてよくわかる歌だと思いました。言葉の一つひとつの意味がとても深くてすごいと思いました。I think this song is wonderful.　　　　　S君	I think Mr. Sakamoto is wonderful. We should act like him. His activities will extend to the world.　　　　　Sさん
I think this is a great song. I think Mr. Sakamoto is great. The most impressive part to me is Give the earth back its peace.　　　　　　　Y君	I think that Mr. Sakamoto is great. He was changing the earth for landmine place. I think it's great.　　　　　　　Yさん
I think Mr. Sakamoto is great. I will cheer Mr. Sakamoto.　　　　　E君	素晴らしすぎて涙が出ました。坂本龍一さんは昔から好きで曲も大好きです。感動しました。　　　　　　　S君

（4）"Zero Landmine" 歌詞プリント

　　資料3-1　"Zero Landmine" プリント（簡略版）

D 3年間で歌ってきた曲

　2013年度の卒業生が1年生から英語の時間に歌ってきた歌は次のものでした。1年生のときはBingoをやる回数が多かったため、曲数は少なくなっています。2年生の後半からは、簡略版Reading-Listening方式を中心にして、ほぼ月1曲のペースで歌ってきました。扱った歌はメッセージ性の強い歌が多かったですが、Reading-Listening方式または簡略版Reading-Listening方式で導入することにより、歌のテーマを読み取り、その内容から深く学ぶことができたと考えています。

資料3-1

Zero Landmine
Music by Sakamoto Ryuichi
Lyrics by David Sylvian

地雷のない世界

訳：根岸恒雄

* This (①　　) my home The (②　　) of my mother
　The (③　　) I play with sisters and brothers

* ここが私の家　お母さんの土地
　妹たちや弟たちと遊ぶ場所

** The trees are rooted in the (④　　) beneath
　　Take away the (⑤　　)
　　Give the earth back its (⑥　　)

** 木々は下の地面に根付いている
　　暴力を取り除け
　　地球に平和を取り戻せ

This is our (⑦　　), our common salvation
It knows no borders　It serves no nations

ここは私たちの世界、みんなの救いの場所
そこには国境もないし、国もない

The same (⑧　　) shines equally on those beneath
Take away the (⑤　　)
Give the earth back its (⑥　　)

同じ太陽がその下のものに平等に輝いているよ
暴力を取り除け
地球に平和を取り戻せ

There's fire in the (④　　)
In the space between the trees
In the forests and fields
On pathways, in (⑨　　)

地面に火があるよ
木々の間の空間に
森や野原に
小道にも、夢の中にも

The stars are whispering
To the (④　　) beneath
Take away the darkness
Give the earth back its (⑥　　)

星たちがささやいている
下の地面に向かって
暗やみを取り除け
地球に平和を取り戻せ

Who painted the green grass (⑩　　) with danger
Who coloured the big sky blue with (⑪　　)
A strong (⑫　　) carrying fear and anger
Came and went and stole (⑬　　)

緑の草原を、危険な赤で塗ったのは誰？
広い空を、悲しみの青に塗ったのは誰？
強い風が恐れと怒りを運んできて
そして明日をうばって行ってしまった

* Repeat
** Repeat

* 繰り返し
** 繰り返し

The same (⑧　　) shines equally on those beneath
Take away the darkness
Give the earth back its (⑥　　)

同じ太陽がその下のものに平等に輝いているよ
暗やみを取り除け
地球に平和を取り戻せ

Like trees we're rooted in the (④　　) beneath
Take away the (⑤　　)
Give the earth back its (⑥　　)
Give the earth back its (⑥　　)

木々のように、私たちも下の地面に根付いている
暴力を取り除け
地球に平和を取り戻せ
地球に平和を取り戻せ

　この歌は、地雷の被害や恐ろしさを知った作曲家の坂本龍一さんが日本や世界の音楽家の協力を得て、作り歌った歌です。これを作るために地雷のある多くの国の音楽を取り入れ、平和を願う音楽家の力を借り、素晴らしい音楽を作りあげました。このCDの収益金はすべて地雷を除去するために使われました。この歌ができるまでの感動的なエピソードはTBSテレビの「地雷のない世界（ZERO LANDMINE）」で放送され、多くの人の感動を呼びました。皆さんが知っている歌手も歌っているかも知れません。

● Let's learn new words!

take away ~	～を取り除く	whisper	ささやく
border	国境	darkness	暗闇
nation	国	danger	危険
beneath	下の	fear	恐れ
between	～の間に	anger	怒り

歌い方　日：　日：
　　　　日：　日：　日：
　　　　日：　日：　日：
　　　　日：　日：　日：

／26点

年　組　番
氏名

第3章 英語授業での協同学習（実践編Ⅱ）（教科書からの発展、歌、プロジェクト学習他）

年	月	歌　名	特　徴 （　）内はアンケートでの支持数
一年生	4月	The ABC Song Let's Be Friends!	アルファベットを習ったときの歌 （2）
	5月	Yummy-Yummy-Yummy	生活班でコンテストを実施。（9）
	7月	Days of the Week Twelve Months	曜日と月に親しむのに良い歌。 （2）
	9月	The lion sleeps tonight (The Tokens)	今でも人気の曲である。（18）
	12月	Puff (Peter, Paul and Mary)	Puffは過去形の宝庫。生徒も好きな歌。（5）
	2月	Sailing（Rod Stewart）	現在進行形を学んで。（1）
二年生	4月	You Raise Me Up (Celtic Woman)	仲間の励ましがあるから頑張れる。（16）
	6月	You'll Never Walk Alone	世界共通の応援歌。お薦め。（1）
	7月	Top of the World (Carpenters)	2年生で習う表現が多く出てくる。大好評。（36）
	9月	A Thousand Wind (Hayley)	「千の風になって」。お薦めの曲。好評。（8）
	10月	Nada Sou Sou (Hayley)	おなじみの曲を英語で歌える。大好評。（18）
	11月	I just called to say I love you	「心の愛」。大好評。（30）
	12月	Ebony and Ivory (Stevie and Paul)	黒人と白人の協調。You-tubeで映像も。（14）
	1月	Zero Landmine (Sakamoto Ryuichi)	地雷の実態を知り、廃絶への願いを持つ。（18）
	2月	The voice (Hirahara Ayaka)	「ジュピター」の英語版。大好評。（18）
三年生	4月	Love love love (Dreams Come True, Hayley)	4月は明るい愛の歌で始めると良い。（16）
	5月	未来へ （日本語：Kiroro、英語：Hayley）	母への感謝を歌う名曲。母の日に捧ぐ。（21）
	6月	Dance With My Father (Luther Vandross)	家族愛を歌う大傑作。ぜひ中高大生に！（8）
	9月	いつも何度でも （ナターシャ、Hayley）	原発、核兵器廃絶。Hayleyの歌は大好評。（20）
	10月	Bad day (Daniel Powter)	Danielの優しさが。やはり大人気！（33）

三年生	11月	We Are The World (USA for Africa)	この曲とDVD視聴は中学生に必須。 (36)
	12月	Happy Christmas (John Lennon)	クリスマスに改めて平和を願う。 (9)
	1,2月	Your Song (Elton John)	最後の歌としてこの曲を贈る。 (15)

　英語の歌で学ぶ内容や単語・表現などは、教科書から学ぶものに劣らないかもしれません。まさに、平和、人権、愛、環境、途上国への支援、勇気、家族の絆など、本当に多くのことに触れ、学べるのではないでしょうか。歌を協同的に学ぶときに、Reading-Listening方式、同簡略版はとてもお勧めです。

Ⅲ　修学旅行では「平和と友好のメッセージ」で交流

　中学3年生の修学旅行は京都・奈良に行っていました。毎回、グループ毎に外国人と対話し、「平和と友好のメッセージ」をもらう活動に取り組んでいました。対話の仕方やメッセージのもらい方を教え、事前に練習をしておくと、ほぼすべての班が楽しく対話し、いろいろな国の人たちからメッセージをもらい、写真も一緒に撮らせていただき、素敵な報告書に仕上げてくれます。

　生徒は「外国人と直接話せる嬉しさ」や「学んだ英語を実際に使える喜び」を感じ、とても貴重な機会を持つことができます。対話した外国人も「日本に来て中学生と交流できた」ことをとても喜んでくれます。事前指導をしておけば、どの学校でもできると思います。挑戦されることをお勧めします。

　最後の学年、2013年度には次のように行いました。

1　取り組みのねらい
（1）授業で学んでいる英語を実際に活用する機会を持つ。
（2）日本を訪問している外国人と対話し、交流を深める機会を持つ。
（3）「世界の平和や友好」について一緒に考える機会にする。
（4）「平和と友好のメッセージ」をもらい、写真をつけた報告書を作り学年で交流する。

2　グループづくり
　自主見学のグループを活用。クラスの生活班（男女混合の5〜6人）で行いました。

3　事前授業

1時間を充て、次のことを行いました。
（1）取り組みのねらいの共有（先輩たちの声も紹介して）　10分
（2）会話文（資料3-2）の練習（全体での読み、班での言葉の分担、班での練習）。20分
（3）リハーサル1回目。教師とALTを相手に実際に対話してみる。この日は会話文の紙を見ても良いことにしました。　15分

4　2回目のリハーサル

翌週の昼休みか放課後に私にアポを取って2回目のリハーサルを行わせました。今回の合格条件は次のことでした。

> **合格の条件**　（1）はっきり聞こえる声で、（2）笑顔で、（3）eye-contact を図りながら（紙を見ないで）、（4）ほかの表現も言えれば better。

この年は、本番で紙を見ないで会話させたいと考えていました。そのため2回目のリハーサルでは、言葉を分担して覚えて、eye-contact を図りながら会話することを合格条件に加えました。大多数の班がほぼ覚えてリハーサルを行いました。例年よりも合格の条件を上げたことで、生徒たちはより真剣に取り組んでいて、合格になった喜びも大きかったようです。

5　修学旅行当日には

修学旅行2日目の京都での班別行動に出かける前、各班に、（1）教師が外国の方宛に書いた依頼文（資料3-3）、（2）メッセージを書いてもらう用紙（黄色い画用紙がキレイで、後の印刷にも適しています）を渡しました。メッセージをもらった後、一緒に写真を撮らせてもらうカメラは、各自が持っていっているものを使うようにさせました。今回は、各班が「2組以上の外国人と対話してメッセージをもらってくる」という目標を持ち出発して行きました。

夕方に帰って来る生徒たちを旅館の玄関で待っていると、明るい表情で帰ってくるグループが多かったです。結果として、すべての班が2つ以上とはなりませんでしたが、すべての班が1つ以上のメッセージをもらって来て、18班の総数は39枚となりました。1班平均2.17枚のメッセージはこれまでで最多だったように思います。中には「会話したのにメッセージを書いてもらえなかったので、2枚にならなかった」と悔しそうに報告したグループもありましたので、学年全体では40組以上の外国人と交流

資料3-2

英語で友だちの輪を広げよう！
英語で話して、メッセージをもらおう！

　京都・奈良へ行くと、外国の人と会うことがしばしばあります。マナーを守って日頃の英語の成果を試してみましょう。

***　外国人とお話する時のMANNERS　***************

1．目と目を合わせて話そう。
2．キャーキャー笑いはやめよう。
3．プライバシーに関することは聞かない。
4．相手を選ぼう（余裕のある人にしよう）。
5．長話はやめよう。

****

～ Let's speak English ～

その1　始めに相手が決まってから

Excuse me. May I speak to you?	すみません。あなたとお話ししてもいいですか。
We are junior high school students.	私たちは中学生です。
We study English in our school.	私たちは学校で英語を勉強しています。
May I ask you some questions?	いくつか質問をしていいですか。
○　Sure.　O.K.　Yes.　All right.	いいですよ。
×　I'm sorry.　I'm busy now.	ごめんなさい。今忙しいのです。（手を横にふったりする。）

その2　質問をしてみよう。

Where are you from ?	あなたはどこからいらしたのですか。
I'm from ＿＿＿＿＿.	私は ＿＿＿＿＿ からきました。
Is this your first trip to Japan?	今回があなたの最初の日本への旅行ですか。
Yes, it is.	はい、そうです。
No, it isn't.	いいえ、ちがいます。
How long will you stay in Japan?	日本にどのくらい滞在するのですか。
For ＿＿＿ days（weeks）.	＿＿＿ 日（週間）です。
その他の質問、答え ～～～　質問と答え　～～～	
Do you like Kyoto（Nara）?	あなたは京都（奈良）が好きですか。
Yes, I do.	
No, I don't.	

Did you try any Japanese food?	日本食を食べてみましたか。
Yes, I did.	
No, I didn't.	
What Japanese food do you like？	あなたはどんな日本食品が好きですか。

その3　外国の人にメッセージをもらおう。

次の言葉を言って、先生からの依頼文を渡します。

This is a message from our English teachers. Would you please read it?	これは私たちの英語の先生からのメッセージです。それをお読みいただけませんか。

先生からのメッセージの紙には、「生徒たちの紹介や今修学旅行中であること。英語を学んでいる生徒たちのために、世界の平和や友情、日本の印象などについての、あなたの簡単なメッセージを書いていただけないでしょうか。」という趣旨のことが書いてあります。

O.K. と言われたら、メッセージを書いてもらう紙を渡します。筆記用具（黒のサインペン）は自分たちで用意して下さい。

書いていただいて受けとったら、

Thank you very much.	ありがとうございました。
May I take a picture with you?	写真を一緒に撮ってもいいでしょうか。
もう一度、	
Thank you.	ありがとうございました。
Have a nice stay in Japan.	良いご旅行を。
Good-bye.	さようなら。

書いてもらったメッセージに、写真や感想などをつけて、旅行後に提出してもらいます。各班とも旅行中（特に班別学習中）に２組の外国人と話すように頑張りましょう。

先生からのメッセージ用紙、外国の人に書いてもらう用紙は後で配布します。

したことになります。

　外国人にも喜ばれて、楽しく交流してきた生徒が多く、喜んで帰ってきた班がほとんどでした。帰って来てから、「この活動をやらせた根岸先生が素晴らしいですね！」などとお世辞を言ってきた生徒もいました。外国の方々が日本の中学生との交流をとても歓迎してくれたことがいただいたメッセージにも多く書かれていました。この取り組みの成功は、今回の修学旅行が大きく成功した要因の一つにもなりました。

6　事後の報告書づくり

　帰校後の総合的学習の時間に、生徒たちは報告用の画用紙にいただいたメッセージと一緒に撮った写真を貼り、メッセージの大意と感想を書き、報告書を完成させました。提出された報告書はパウチして、教室の廊下に掲示して鑑賞し合いました。報告書を読むと、生徒たちと話した外国の方々がとても喜び、この活動を評価してくれていることがわかります。私も台湾に行った時に中学生と英語で会話をしましたが、その国の中学生と交流できたのはとても嬉しい体験でした。生徒たちにとっては貴重な体験になり、外国の方々にも嬉しい体験になったと思います。

　こうした活動は小学校でも実践している学校があるようです。いろいろなバリエーションがあると思いますが、中学校や高校でも工夫して行えば、普段学んでいる英語を実際に使って、外国の方と交流できるとても良い機会になると思います。その後の英語学習への動機づけにもなるのではないでしょうか。この活動に取り組んだ生徒たちの感想と報告書を紹介します。

7　報告書の生徒たちの感想から

最初に話しかけた方でとても緊張しましたが、親しみやすい人だったので、話が進み仲良くなれたので良かったです。　　　Yさん	すごく楽しい方たちで、笑いが絶えない会話が続きました。もっとおしゃべりしたかったなぁ〜。　　　　　　　　　M君
すごく私たちに気を使ってくれて良い方たちだったので、私ももっと世界とのつながりを大切にしたいと思いました。　　　　　　　　　　　　Uさん	最初は不安だったけど、とっても親切で話すのが楽しかったです。もっと英語を勉強して、もう一度外国の方と会話したいなと思いました。　　　　　　　I君
外国の人たちはとてもフレンドリーで面白く、この交流はとても素晴らしいものだと思います。頑張るぞ、中学生！　　　　　　　　　　T君・K君・M君	僕たちが最初に話しかけた外国人はこの人だった！とても緊張したけど、勇気をふりしぼった！！とてもフレンドリーだった！！　　　　　　　　　　　F君

資料3-3

June 12th, 2013

Dear friends from foreign countries,

　We're very happy to write a letter to you who are visiting Japan. We're teachers of O Junior High School in Kumagaya City. Our students are from Saitama Prefecture, which is near Tokyo.　They are here now for their school trip.　Most of them are visiting Kyoto and Nara for the first time.
　It's a great pleasure for them to meet you here.　They would like to know your opinions about peace and friendship in the world or your impressions about Japan.　Our students wrote poems in English.　We will introduce you some of them.

　Though military songs sound in the world, I do pray for world peace.
　Many landmines are left because of wars.　How terrible!　When will real peace come to the world?
　War just carries anger and sadness.

　Would you please write a brief message about peace and friendship in the world or impressions about Japan for our students?　They have a sheet of paper for it.
　We hope you'll enjoy visiting many places in Japan and have wonderful communications with many people.　Please have a nice trip and a good stay in Japan.

Sincerely　Yours,

NEGISHI, Tsuneo
TAKAHASHI, Mika

　　　　School：O Junior High School
　　　Address：（略）
　　　E-Mail：（略）

8 報告書

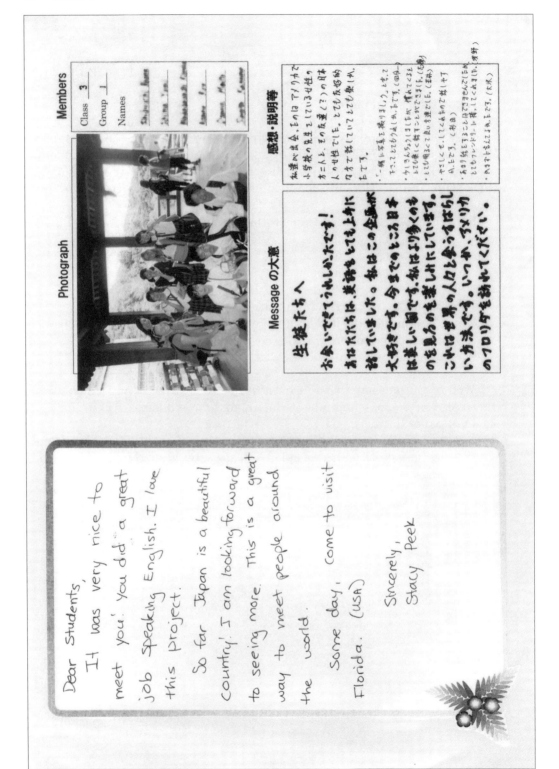

Ⅳ 授業アンケートでの生徒・学生の声

A 中学校3年間の英語授業アンケートから

　私は学期の終わり、または年度の終わりには授業アンケートを取り、教え方を振り返り、その後の授業改善に活かしていくようにしていました。初めてアンケートを取るころは「どんなことを書かれるのだろうか？」と不安になったこともありましたが、実際に取ってみると予想以上に好意的に書いてくれる生徒も多く、むしろ励まされることが多かったように思います。記名で書いてもらうのですが、「私自身が授業のあり方を考えるために書いてもらうので、率直に書いてほしい。成績には反映させない」と話して書いてもらいます。記名してもらうのは、一人ひとりの生徒の考えを知っているとその後の指導にも役立つと考えるからです。

　2013年度の最後の英語の授業でも授業アンケートを取りました（公立高の面接試検の日で96人中63人しかいませんでした）。このときのアンケート項目には、（1）授業がよくわかったか、（2）授業プリントは役に立ったか、（3）学び合い学習（協同学習）は効果があると思うか、（4）学び合い学習は楽しいか、（5）英語の歌をやることへの意見、（6）特に気に入っている英語の歌、（9）3年間の活動の中で特に良かった活動、（7）3年間の授業の感想や要望などが含まれていました。

　（6）の気に入っている歌についてはこの章のp.93で紹介しており、（7）の授業の感想や要望は第5章の終わりなどで紹介しています。ここでは（9）の「3年間で特に良かった活動」の集計結果を紹介します。

3年間の活動で特に良かったもの（各自3つ以内で回答）

支持	取り組み	支持	取り組み
2	Yummy-Yummy-Yummy の学習とコンテスト	40	修学旅行での会話とメッセージの活動
12	My Precious Person を書いたこと	18	「かわいそうな象」の学習とビデオ視聴
9	My Last Week（私の先週）をかいたこと	41	"We Are The World" の歌とビデオ視聴
21	「私の夏の海外旅行計画」を書いたこと	26	「不都合な真実」のビデオ視聴（温暖化）
19	Power Up English で学んだこと	25	卒業論文の（私の夢、意見）の執筆
33	Smile Input で学んだこと	31	入試対策の重要単語学習とテスト
30	重要単語で学んだこと	29	入試対策のプリント学習
12	☆読み、〇書きの活動	31	「ガンジーとキング牧師」のビデオ視聴

20人以上の支持を得ている活動をゴシックで表してみました。それぞれの時期に有意義だと考え、生徒たちも一生懸命取り組んできた活動なので、どれも貴重なものでしたが、集計結果を見ると生徒たちの考えが見えてきます。3年生にもなると、英語力を高め受験などに対応できることに加え、自分の視野を広げ、生き方を考えるきっかけにもなる深い学びや体験を求めているように思います。さらには、世界の人々と力を合わせて諸課題に取り組んでいく意義ある学びを求めているとも言えるのではないでしょうか。

第1章の「改訂学習指導要領への対応」（p.27）で考察した、「主体的・対話的で深い学び」を実現するために、「内容もあり、優れた英語の教材を使い、協同学習的に学ばせ」、「生きる力に繋がる質の高い学び」を保障していくことは子供たちの願いにもかなっていると言えるでしょう。そうした意味で、学びの共同体研究会が一貫して追求してきた「質の高い学び」、新英語教育研究会が積み上げてきた「人格形成と学力形成に資する優れた教材や豊かな実践の積み上げ」、そのほか多くの意義ある研究・実践から引き続き学んでいくことが大切になるでしょう。そうした優れた教材と豊かな実践がさらに広く交流され、より多くの教師たちにより協同学習的に発展させられ、その成果が子供たちにより享受されていくことを心から願っています。

B 大学生の授業アンケートから

3年前から教えている大学生の授業でも授業アンケートを取っています。ここでは2018年度春学期（前期）の大学2年生のあるクラスの英語授業（かなり英語が苦手な学生が多いクラス）の集計結果と英語科教育法を学ぶ大学2年生のクラス（こちらはかなり英語が得意な学生が多い）の文書記述を紹介します。大学でのどのクラスにも協同学習を取り入れた授業を行っていますが、そうした授業を学生たちがどう考えているかがわかると思います。

1　2年生での英語授業アンケートから
（1）2018年度春学期に使用した教材と実施した活動（全15回）

大学の英語授業の2年目からはテキストは購入させず、すべて自作教材を使い次のような学習・活動を中心に行ってきました。

> ①「絶対言えて、書けるようにしたい重要英文120選」（中学、高校の文法を復習し、120の文を学び、覚えられるようにした教材）
> ②「1年間でマスターしたいQ&A　文法学習からコミュニケーションへ（160のQ&Aの文）」（使える復習英会話）

③ **Reading-Listening 教材** Sasaki Sadako's Story。「音読シート」も使い、家庭学習にもつなげようとした。
④ **英語の歌** "Top of the world"、「未来へ」、"Dance with my father"、"You raise me up"（月に1曲）
⑤ **Happy communication（ハピコミ）** 内容を発展させながら5回実施。
⑥ **Presentation Contest** My Trip Abroad（夏休みに外国に行くと仮定して）作文を書いて、暗唱して発表会を実施。期末テストの中に、作品の全文も書かせた。
⑦ **期末テスト、授業アンケート**
＊上記の教材を、全体での授業とともに、ペア・4人グループの活動や学び合いを入れながら、どの学生もできるだけ楽しく意欲的に取り組めるように工夫してきた。

（2）アンケートの集計結果

　授業アンケートは1～9の選択肢によるものと、10～15までの自由記述のものでした。ここでは1～9の選択肢によるアンケートの集計結果（資料3-4）を紹介します。

　英語学習に苦手意識を持っている学生が少なくないのですが、（1）英語の授業は「よくわかった」「だいたいわかった」が89.5%、（2）「楽しかった」「わりと楽しかった」が89.6%になっています。その結果でしょうか、（3）英語学習は「あまり好きでない」「全然好きでない」は、4月調査では合計で50%だったのが、7月調査では15.7%に減っています。逆に「とても好き」「わりと好き」は25%から42.2%に増えています。理由は、「授業がわかった」や「いろいろな人と交流でき楽しかった」ということが大きいのではないかと思います。

大学生のペア活動

　1年生のときに英語を教えていた学生に学内で会うと、「今年も先生のクラスが良かった」「去年の授業はとても楽しかった」という学生が割と多くいます。理由を聞いてみると、「とにかく楽しかった。友だちと一緒に学べたのが良かったのかもしれない」という回答が聞かれました。やはり協同学習的な理念や手法を授業で生かしていくことが、「楽しく」「わかる」授業を実現して、英語好きも増やしていくことにつながっていくように思います。

　このクラスの自由記述の質問項目も参考までに載せておきます。

資料3-4

英語授業アンケート（英Ⅲ、2018年7月）

1．英語の授業はよくわかりましたか？　19人

よくわかった	だいたいわかった	あまりわからなかった	ほとんどわからなかった
3人(15.8%)	14人(73.7%)	2人	0人
89.5%		10.5%	0%

2．英語の授業は楽しかったですか？

楽しかった	わりと楽しかった	あまり楽しくなかった	全く楽しくなかった
8人（42.2%)	9人(47.4%)	1人	1人
89.6%		5.2%	5.2%

3．英語の学習は好きですか？

とても好き	わりと好き	ふつう	あまり好きでない	全然好きでない
1人(5.2%)	7人(37.0%)	8人	1人	2人
42.2%	42.1%		5.2%	10.5%

＊4月調査　【英語を学ぶことは好きですか？】　20人
とても好き：1人(**5.0%**)、　わりと好き：4人(**20.0%**)、　ふつう：5人(**25.0%**)、　あまり好きではない6人（**30.0%**）全然好きではない：4人(**20.0%**)

4．ペアやグループでやる活動が多くありましたが、その活動の効果（協力して学べる、わからないところを聞ける、楽しく学べる等）はあると思いましたか？

とてもある	わりとある	どちらとも言えない	あまりない	全然ない
6人(31.7%)	7人(36.9%)	4人	1人	1人
68.6%		21.0%	5.2%	5.2%

5．ペアやグループでやる活動は好きですか？

とても好き	わりと好き	どちらとも言えない	あまり好きでない	全然ない
3人(15.8%)	7人(36.9%)	2人	5人	2人
52.7%		10.5%	26.3%	10.5%

6．英語の歌について（単語や表現などが学べる、楽しく学べるなどの効果は？）

とても効果がある	わりと効果がある	あまり効果がない	全く効果がない
8人(42.1%)	10人(52.7%)	1人	0人
94.8%		5.2%	0%

7．Presentation Contest について

とても良い企画だ	わりと良い企画だ	どちらとも言えない	改善すべき
5人(26.3%)	7人(36.9%)	7人	0人
63.2%		36.8%	0%

8．必要な予習、復習、小テスト対策などについて

毎回やった	だいたいやった	あまりやらなかった	全くやらなかった
4人(21.0%)	8人(42.2%)	6人	1人
63.2%		31.6%	5.2%

9．授業以外で英語に触れる機会がありましたか？（歌、映画、外国人と話す、その他）

わりとあった	少しあった	ほとんどなかった	全くなかった
3人(15.8%)	9人(47.4%)	6人	1人
63.2%		31.6%	5.2%

10. 「重要英文集120選」の扱いについてのあなたの意見。
11. Presentation Contest についてのあなたの意見。
12. Sasaki Sadako's Story の扱いについてのあなたの意見。
13. 春学期のまとめ（良くできたこと、できなかったこと）。
14. 授業を受けての感想、今後への要望。
15. これからの抱負。

教材とその扱い方についての意見を書いてもらうと、授業で成功した部分と改善を加えるべき部分が見えてきてとても参考になります。授業の成否は教師の力によるところが大きいですが、その力をより高めるためにも生徒・学生の声を聞くことが有効だと思います。

2　英語科教育法の授業アンケートから

もう一つ、英語科教育法を学ぶ女子学生たちの声の紹介です。22名の学生たちが学んできた15回の授業内容は次のものでした。

（1）2018年度春学期に使用した教材と実施した活動（全15回）

① ガイダンス（教師の自己紹介、ハピコミ、シラバス：授業計画、自己紹介書き）
　　1回
② テキスト『新編英語科教育法入門』（土屋澄男編著）を使った学習　5回
　　担当班による発表 ⇒ テーマを決めての各班での協議 ⇒ 全体での協議
　　⇒ 教師のコメント
③ 協同学習についての講座・ワークショップ（歌の学習なども含む）　1回
④ 授業 DVD を見ての学習、協議　1回
⑤ 指導案学習、指導案づくり　2回
⑥ 担当班によるマイクロ・ティーチング、協議　4回
　　担当班による授業 ⇒ 各班での協議（この授業から学べること、改善したいこと）⇒ 全体での協議 ⇒ 教師のコメント
⑦ まとめの授業（まとめ、期末課題について）　1回

（2）アンケートの自由記述文から

「授業評価アンケート」の自由記述の中から特徴的なものを紹介します。こちらのアンケートは無記名のものでした。

1．この授業のよいと思われる点	2．工夫してほしいと思う点
とにかく実になった。後期も根岸先生に教えてほしい。その日何をやるのか明確でムダがなかった。資料もたくさんもらえた。	グループが固定であったが、他の人たちとも話し合ってみたかった。
毎回、今日はどんな授業なのか楽しみにしていた。さまざまな知識を得られて、教師を目指しているんだ、とだんだん自覚しはじめた。	英語授業のメールのやりとりで、こうした方がいいのでは？という提案がギリギリで、少し理解するのが大変だった。もう少し早い段階で連絡してほしかった。
ほかの子の意見を聞ける場面を多く用意してくれていること。授業に無駄がなく、90分があっという間に過ぎること。	
ペアワークやグループワークが多く、自分の考えを常に広げることができました。	席の配置。
教師になった際に重要なことを実例を通して、経験を通して学ぶことができてよかった。	もう少し時間に余裕を持ってほしい。
前期に受けた授業の中で一番楽しい授業でした！　みんなとの意見の交流は本当にためになりました。返却されるプリントにこまかくコメントが書いてあり、とてもうれしかったです。	授業を時間内に終わらせてほしい。
根岸先生の授業を受けて、もっと教師の仕事がリアルに見えたような気がします。先生のような教師を目指したいです。	たまに何言っているのかわからなかった。
学生一人ひとりをきちんと見てくれ、丁寧に教えてくださること。こちらからの反応にきちんとレスポンスしてくださること。	
グループワークによるテキストを通した英語学習やマイクロ・ティーチングで資料を送ると丁寧な添削をしてくださって嬉しかったです。提出したハンドアウトにも線を引いてくださったり丸をつけてくれたりして、嬉しかったです。	
活動やグループワークが多かったので、楽しみながら新たな意見を取り入れつつ、学ぶことができた。	
＊こちらの欄には22人中19人が記入。	＊こちらには8人が記入。

　学生たちが考えるこの授業の特徴が書かれていると思います。教師が教える内容や方法への評価も書かれていますが、グループによる発表やマイクロ・ティーチングを受けて、テーマに沿ったグループでの協議と全体での協議、その後教師からのコメントと、授業全体が協同学習的に行われていることへの評価が高いように思います。協

同学習についての講座やワークショップも行いましたので、その効果や方法についても一定の理解もしていたと思いますが、授業の中で実際に協同的学び（協同学習と言っても良い）を体験してきたことによる感想が表れていると言えるでしょう。また彼女たちが内容のあることを協同的に学び、「主体的・対話的で深い学び」を体験してきていることも感じさせる記述になっているように思います。

　2つの授業での声を紹介しましたが、大学生の場合でも、その学生たちに適する優れた教材を使い、協同的に学ばせることにより、「主体的・対話的で深い学び」の実現が展望できていくと言えるのではないでしょうか。

　大学の授業を始めたばかりの私にとって、授業を評価してくれる記述も改善を求める記述も、どちらも大変貴重なものです。学生たちの期待に応えられるように引き続き努力し、次の授業に向けた準備をしていきたいと考えています。

V　教師の実践力を高めるために

1　実践力は高められる

　歌詞プリントを載せられなくなった分、「教師の実践力を高めるために」を書くようにします。若い先生方が多くなっている状況を考えると意味があることと思います。前著『楽しく英語力を高める"あの手この手"』でもこの課題について書きましたが、現在の状況に合わせて書き変えるようにします。英語教師を視点に書いていますが、すべての教師に応用できると考えています。

　私は自分自身の経験から、「教師の実践力は高められる」と考えています。最近の私は講演・講座やワークショップを担当したり、本や雑誌に原稿を書いたりする機会が多いですが、初めからそうだったわけでは決してありません。大学を卒業したものの私の英語力はかなり低いものでした。授業も決して良いものではなかったです。専門の英語や英語科教育法の学習をきちんとやってこなかったことや教育についての学びが浅かったことが原因でした。

2　私自身の取り組み

　私が英語教師としての実践力を高める努力をしようと決めたのは30代の終わり頃でした。いろいろなことに取り組んできましたが、ここでは4点を紹介します。

　第1は、教職員組合の教育研究集会に毎年参加しレポート発表を続けてきたことです。初めはとても稚拙なものでしたが、1年間の主だった実践をまとめて発表し、他の人の実践の中で「これは自分にもできそうだ」と思うものをやってきました。そこでの熱心な実践家との出会いも財産になっています。教研集会でのレポート発表は大

学教師になった今でも続けています。

　第2は、一緒に学んできた仲間と「埼玉北部英語サークル」を立ち上げ学んできたことです。年1度の英語教育講演会には、著名な実践家や研究者らをお呼びし大変有意義な学習を行い、年数回の例会では日頃の実践や悩みを共有しました。ここで学んだことが自分の実践に生きています。

　第3は、低かった英語力を高めるためにいろいろな努力を始めたことです。忙しい中でしたが、時間を見つけてはListeningやReadingを行うようにしました。私が効果を実感するようになったのは、國弘正雄氏の「只管朗読」「只管筆写」を実践してからでした。その後國弘氏・千田潤一氏の「英会話・ぜったい・音読」シリーズ（講談社）はより実践的でした。ALTの協力を得て、英字新聞の記事をICレコーダーに録音してもらい聞いたりもしました。以前より英語力は確実に高まり、それが授業にも生きてきました。

　第4には、社会や世界を見る目を鍛え、教育の本質を学んできたことがあげられます。21世紀をどう展望するか、ということも大事なテーマでした。これらのテーマを、新英語教育研究会や学びの共同体研究会等の民間の研究会で中心的に学んできました。英語教育や教育に関する本質を学べることはいつも喜びでした。英語授業・全校での協同学習が最近の私の研究テーマですが、この2つの研究会で学んできたことがとても生きています。

3　実践力を高めるための「お勧め十カ条」

　私自身の経験と学習にもとづく「お勧め十カ条」を紹介します。みなさんの取り組みでさらに豊かなものにしていってください。

（1）学んだ中で、自分にできそうなところから追実践してみましょう。
　　　いろいろ学ぶ中で「これなら自分にもできそうだ」と思うものを選んで実践しましょう。一つ二つずつで良いと思います。そうした積み上げが"引き出し"を増やし実践力を高めます。

（2）実践をまとめ、レポートにして発表、交流しましょう。
　　　実践をしながら記録を取り、まとめをすることは大変有効です。それが次の実践に生きるからです。さらにレポートを書き発表することは実践を共有することになり、喜びにもなり、実践がさらに楽しくなるでしょう。レポート発表は実践力を高めるポイントです。

（3）良いものは大いにシェアし合いましょう。
　　　自分が実践したり作ったもので良いと思うものは大いに広めましょう。

子どもたちのためです。他の人の優れた実践や資料も遠慮なく（必要なルールを守って）活用させてもらいましょう。"偉大"に見える実践家の多くもそうして"引き出し"を増やしてきたのです。

(4) **新英語教育研究会の全国大会、学びの共同体研究会の研究大会は大変お勧めです。**

　私はもっと若い頃からこの二つの研究会に出合い、学んでいれば良かったと思っています。どちらも教育の本質的な理念や方法を学べて、喜びになります。私も編集に関わっている『新英語教育』誌などからも学んでいただくことも良いと考えています。2つの研究会のホームページから情報を得られます。もちろん、有意義な研究会・研修会は他にも多くあると考えています。

　　新英語教育研究会　　　　http://www.shin-eiken.com/
　　学びの共同体研究会　　　http://japan.school-lc.com/

(5) **地域のサークル・研究会に参加しましょう。**

　なければ自分たちで作りませんか？ともに学び合える仲間がいるのは夢や努力を継続させるためにも重要です。良き相談相手、同志は"人生の宝"です。新英研も各都県で例会やサークルを行い、学びの会も各地にあります。忙しい中ですが、より多くの先生方が参加できると良いと思っています。

(6) **社会、世界を見る目をきたえましょう。**

　私たちは自分の専門教科を深めるだけではいけません。専門教科を何に活かすのかが大切です。人格形成と学力形成を進めようとする私たちは、社会、世界の実態や本質を見抜く力をつけなければなりません。民間研究会も含め広く学んでこそ、日本と世界の進むべき方向を学べるし、それに基づく教育実践ができると思います。特に若い先生方にもっと時間的余裕ができて、広く学ぶ機会ができることを願っています。

(7) **専門の力を高める努力をしましょう。**

　教師にとって、授業力と専門の力（知識、技能等）は"車の両輪"です。英語の教師で英語力に自信のない方がおられれば、「英会話・ぜったい・音読」シリーズ（講談社）で紹介されているトレーニング方法なども試してみてください。"同時通訳の神様"と言われた國弘政雄氏の英語学習法や千田潤一氏の方法などから学べるでしょう。週刊の英字新聞を活用し、読解力や語彙力を高めていくのも有効でしょう。

(8) "ピンチはチャンス！" "迷ったら、GO！" "悩むより動こう！"

　　教師生活では、いろいろな困難に出会うこともあり、「もうダメかな！」と思うようなこともあるでしょう。でもそんな時は自分に新しい力が求められており、よく考えてみると打開策があるものです。困難をさけてしまうのでなく、それ打開する方法を考えてみましょう。時には時間がかかるかも知れません。でもそれを乗り越えた時、きっと"新しい自分"に出会えます。まさに"ピンチはチャンス"と言えるでしょう。

(9) 課題を整理し、自分が特に力を伸ばしたい分野に努力を集中しましょう。

　　私たちは忙しいからこそ、課題を整理し手際よく進め、自分が力を伸ばしたいところに時間をかけるべきです。努力し時間もかけてこそ、その分野の力は伸びるのです。ただやれば良い課題と自分が特に重点とし時間もかけてやる課題を区別することが大切です。

(10) "夢は大きく、根は深く！"、"夢は実現する、夢しか実現しない！"

　　夢や目標のないところに意識的努力はありません。夢を大きく持ち、花の咲かない時には根を深く育てましょう。あきらめずに続けていけば、きっと立派な花が咲きます。続けられる力が私達の"才能"なのです。

　さあ、夢を持ち計画を立て、実行していきましょう。実践力向上と授業・学校改革を進めるために。教師には苦労も多くありますが、とてもやりがいのある仕事だと思います。

　私も「子どもも教師も幸せになれる授業・学校」をさらに広げられるように微力を発揮していきます。みなさんもそんな授業・学校をめざして一緒に歩んでいただけるとこの上なく嬉しいです。どこかでお会いできる機会があることも願っています。

第4章

協同学習による学校改革をどう進めるか
（理論編）

　「協同学習による学校改革を進める」場合、最も有力な理論・実践が学びの共同体の学校改革だと思います。第5章で報告する私の勤務校の学校改革の実践も学びの共同体研究会の研究者の方々の援助を受けながら進めてきました。この本の後半のテーマは「全校での協同学習のすすめ」です。これは「全校で協同学習を進めることによる授業・学校改革のすすめ」を意味しています。

　この理論・実践を扱う本は多く出版されていますが、ここでは学びの共同体研究会代表の佐藤学氏の『学校を改革する　学びの共同体の構想と実践』（岩波ブックレット、2012年）の内容を要約する形で紹介します。この本が学びの共同体の学校改革の全体像をわかりやすくまとめているように思います。ただ、60余ページの本の内容を数ページに要約しますので、理解しきれない部分もあると思います。詳しくはぜひ原典をお読みください。

　他の文献としては、『学びの共同体の挑戦―改革の現在―』（小学館、2018年）、『学校の挑戦　学びの共同体を創る』（小学館、2006年）なども大変お勧めです。

　現在、学びの共同体の改革に挑戦している学校は、小、中、高で3000校以上、各地の約300校のパイロット・スクールが年間1000回以上の公開研究会を開催しています。全国各地に50以上の「学びの会」が組織され、同研究会の100人以上のスーパーバイザー（学校改革の支援者として活動されている方々：根岸）が各地の学校の改革に協力しています（『学びの共同体の挑戦―改革の現在―』より）。こうしたスーパーバイザーの方々は自らの学校の改革に携わってきた校長や職員とそのOB、また改革に協力してきた研究者の方々で、大変熱心に活動されています。私も3年前からその一員に加えていただき、学びながらいくつかの学校の授業改革などに協力させていただいています。

　また、学びの共同体研究会のホームページには、同研究会のイベント、実践校の公

開研究会の予定、学習資料集、各地の「学びの会」の活動計画などが掲載されています。こちらからも学ばれることをお勧めします。　http://japan.school-lc.com/

　毎年１月に学びの共同体研究会の研究大会があり、ここに参加することによって学べることも大変多くあると思います。

　それでは、『学校を改革する　学びの共同体の構想と実践』の内容の要約です。「協同学習を推進して学校を改革する」ために、私が特に大事だと思うことを一部ゴシックにしています。

『学校を改革する　学びの共同体の構想と実践』から

1　21世紀の社会と学校

（１）学びの共同体の学校改革は「21世紀型の学校」を実現する改革。

（２）「21世紀型の学校」の成立基盤は次の４つ。

① **知識基盤社会への対応**（知識の高度化・複合化・流動化、学校教育は生涯学習の基礎、学びの主体としての学習者育成、創造的な思考・探求、他者と協同するコミュニケーション能力の育成）。

② **多文化共生社会への対応**（グローバリゼーションは国境と壁を越えた多文化社会へと移行）。

③ **格差リスク社会への対応**（グローバリゼーションにより、社会に参加できる人々と社会から排除される人々の経済的、文化的な格差が拡大して、さまざまなリスクが生み出されている）。

④ **成熟した市民社会への対応**（「市民性の教育」は「21世紀型の学校」の中心課題の１つ。それは、世界市民、国家市民、地域市民の３つの「市民性」を育てる教育であり、主権者教育、公共倫理の教育、葛藤解決の教育、社会奉仕の教育に具体化される）。

（３）「21世紀型の学校」は、「質（quality）と平等（equality）の同時追求」を根本原理として構想され、それが教育改革の成否を決定する。

（４）「21世紀型の学校」における教育様式に見られる変化。

① カリキュラムが「プログラム型」から「プロジェクト型」へ移行（主題―探求―表現の単元によって組織される）。

② **一斉授業から協同的な学びへの転換**。

③ **学校の機能の変化**（学校の自律性、教師の職業能力の高度化と専門職化、教師

が教育の専門化として学び合うところ、地域共同体の文化的センターの役割）。

2　学びの共同体のヴィジョンと哲学

（1）ヴィジョンのプライオリティ（優先性：根岸）。
　① 学校の公共的使命と責任は「一人残らず子供の学ぶ権利を保障し、その学びの質を高めること」にあり、学びの〈質と平等の同時追求〉によって、「民主主義社会を準備すること」にある。教師の使命と責任も同様である。
　② 過剰なまでの教育改革が、教室と職員室のジャグリング状態（超多忙な状況：根岸）をいっそう過激にしている。

（2）学びの共同体の学校改革は3つの哲学によって基礎づけられる。
　① **公共性の哲学**（public philosophy）
　　学校改革の第一歩は教室を開くことにある。一人でも教室を閉ざしている教師がいる限り、学校改革は実現が不可能。
　② **民主主義の哲学**（democracy）
　　「民主主義」とは、ジョン・デューイが定義したように、「他者と共に生きる生き方」を意味して

2011年度4校合同研修会（第5章参照）

いる。もの静かな教師たちのつぶやきが学校運営に生かされることによって学校は活性化し、質の高い教育を可能にする。
　　子供も教師も校長も保護者も主人公になって協同している学校でなければ、学校改革は成功しない。「聴き合う関係」だけが対話の言葉を準備し、対話的コミュニケーションを生み出し、学びの共同体の実現を可能にする。
　③ **卓越性の哲学**（excellence）
　　授業と学びは、卓越性を追求することなしには、実りある成果を生み出さない。課題のレベルを上げて卓越性の哲学を追求することが、教師にも子供にも、学びにとって最も重要な倫理である謙虚さを育てることにもなる。

3　学びの共同体の活動システム

　ヴィジョンと哲学に基づく3つの活動システムは次のようになる。
（1）教室における協同的学び（collaborative learning）。4にて詳述。
（2）教師の学びの共同体（professional learning community）と同僚性（collegiality）の構築。5にて詳述。

（3）保護者や市民が改革に参加する学習参加。6にて詳述。

この3つの活動システムは、ヴィジョンと哲学を日々の活動に具体化するシステムであり、自然かつ必然的に、学びの共同体が構築される装置になっている。

どんな学校改革も校内に対立や分裂を生み出してはならない。まず改革の〈ヴィジョン〉と〈哲学〉の合意を形成し、それを実現する活動をシステムとしてセットするしかない。これが有効に機能するためには、対話的コミュニケーション（聴き合う関係）が必要。

4　協同的学びによる授業改革
（1）小グループの学びがもたらすもの。
　① **協同的学びは、学びの本質**。あらゆる学びは新しい世界との出会いと対話であり、対象・他者・自己との対話による意味と関係の編み直しであり、対話と協同によって実現している。学びは師と仲間を必要としており、その根本において協同的である。
　② **一人残らず子供の学びの権利を保障する**ためには、協同的学びによって子供同士が学び合うより他にない。一斉授業では、聞いているそぶりをして学びを怠ることが可能だが、小グループでは、どの子も学びに参加することを余儀なくされる。この学びの強制機能は、一人残らず子供の学びを成立させる上で、きわめて重要。
　③ **学力の低い子供の学力を回復する機能**を発揮する。教師だけの努力で低学力問題が解決した事例は乏しい。しかし、小グループの協同的学びに参加することによって学力を回復した事例はあまた挙げることができる。
　④ **学力の高い子供にも、より高い学力を保障する**。協同的学びが〈ジャンプの課題〉と呼んでいる高いレベルの課題への挑戦を含んでいなければならない。わかっている子供は、わからない子への応答によって、「分かり直し」を経験している。

（2）〈基礎〉から〈発展〉へ学びが進むとは限らない
　① 〈共有の課題〉が教科書レベルであるのに対して、〈ジャンプの課題〉は教科書レベル以上の課題である。もし〈ジャンプの課題〉をすべての子どもが達成したとすれば、その課題は低すぎる。クラスの半分から3分の1が達成できるレベルが妥当だろう。学びにおいて最も重要なことは夢中になることだが、〈ジャンプの課題〉はそれを実現してくれる。
　② 〈共有の学び〉がわからない子ども以上にわかっている子どもへの恩恵が大きいように、〈ジャンプの学び〉は高学力の子どもだけでなく、低学力の子どもにとっても大きな恩恵をもたらすことがわかってきた。

一般に学びは〈基礎〉から〈発展〉へと進むと言われているが、このプロセスをたどれるのは、学力の高い子どもだけである。低学力の子どもは〈基礎〉の段階でつまずいてしまう。〈共有の学び〉と〈ジャンプの学び〉を組織した協同的学びを子細に観察してみると、低学力の子どもが〈ジャンプの学び〉（基礎的知識を活用する学び）において、「これはこういうことだったのか」と〈基礎〉を理解する光景が頻発していることに気づく。低学力の子どもは、〈発展〉から〈基礎〉に降りる学びを遂行しているのである。

（3）「教え合う関係」と「学び合う関係」の違い

① 「教え合う関係」は「おせっかいの関係」、「学び合う関係」は「さりげない優しさの関係」。低学力の子供には自らの力で窮地を抜け出す能力、他者を信頼し、他者に援助を求める能力を育てなければならない。

② 現在、「学び合い」による授業改革が広く展開されているが、その多くは「協力的学び（cooperative learning）」であって、学びの共同体の学校改革が推進している「協同的学び（collaborative learning）」ではない。この２つは混同されがちなので、説明をしておきたい。

　翻訳の言葉に混乱がある。「協力的学び（cooperative learning）」が教育心理学の関係者により「協同的学び」と翻訳されたために、心理学分野の研究者は、違いを明瞭にするため「協同的学び（collaborative learning）」を「協働学習」、あるいは「協調学習」という訳語で表現してきた。佐藤氏の提唱する「協同的学び」は collaborative learning であり、ここで言われる「協働学習」「協調学習」と同一。

③ 「協力的学び」はジョンソン兄弟とスレイビンの方式が代表的な研究。「個人で学ぶよりも集団で学ぶ方が達成度が高い」と「競争的関係の学びよりも協力的関係の学びの方が達成度が高い」という２つの理論から成り立っている。

④ 「協同的学び」は、ヴィゴツキーの発達の最近接領域の理論とデューイのコミュニケーションの理論にもとづいており、学びの活動を対話的コミュニケーション（協同）による文化的・社会的実践として認識し、活動的で協同的で反省的な学びを組織している。

⑤ 「協同的学び」においては、「協力的学び」のように協力関係よりも、むしろ文化的実践（文化的内容の認識活動）に重点が置かれ、意味と関係の構築としての学びの社会的実践が重要とされる。

⑥ 「話し合い」と「学び合い」は違うことにも留意する必要がある。「はい」「はい」と活発に意見が飛び交う授業では、すでにわかっていることを発表しているだけで、学びが成立していないことが多い。小グループの会話においても同様で

ある。学びが成立しているグループは、ぼそぼそとつぶやきが交流され、一人ひとりが仲間のつぶやきや言葉に耳をすまし、深く思考し合っている。「協同的学び」においては「話し合い」は必要なく、「学び合い」こそが求められなければならない。

⑦ **学びが成立する3要件**

 ア 「**真正の学び（authentic learning）**」（教科の本質に沿った学び）

 イ 「**学び合う関係**」（「話し合う関係」ではなく、「聴き合う関係」づくりが追求されるべき）

 ウ 「**ジャンプのある学び**」（学びは他者や道具の援助による「背伸びとジャンプ」であり、可能な限り高いレベルの課題に挑戦させる必要がある）

 ＊この3要件は大変重要なものです。英語科としての具体化を第1章、p.18で試みています（根岸）。

（4）いくつかの技術的な問題

① 小グループをどう組織するか。

② いつ小グループの学びを導入し、いつ終えるか。

③ コの字型の教室の配置と小グループの協同的学びの関係。

（5）学力向上の問題

① 公教育の使命は、一人残らず学ぶ権利を保障し、学びの質を最大限に高め、教師の成長を促進し、民主主義社会を準備すること。学力向上はその結果であって、目的ではない。

② しかし学びの共同体の学校改革を遂行した学校は、どの学校も学力向上で実績をあげている。

③ 学力向上は、学校改革において、最後に実現できる結果だと認識している。徐々に起こるのではなく、時期が熟すと一気に向上するのが通例である。

④ 学力の向上は「二段ロケット」で進行する。

 ア 低学力の子の学力が向上して、平均を引き上げる。

 イ 中位以上の子の学力が向上して、さらに平均を引き上げる。二段目のロケットが飛ばない場合は、数年たつと全体がダウンする。いつも「ジャンプのある学び」の追求が必要。

佐藤学氏と筆写（2015年ぐんま学びの会研修会で）

5　教師間の同僚性の構築
（1）同僚性の構築
① **教師の成長には、職人としての成長**（「技法」と「スタイル」の獲得、その方法は「模倣」）**と専門家としての成長**（「実践と理論の統合」、方法は「ケースメソッド（事例研究＝授業研究）」）**の２つの側面**がある。

② **授業実践で教師が掲げるべき３つの旗**
　ア　子供の学びの尊厳を大切にする。
　イ　教材の発展性を大切にする。
　ウ　教師自らの教育哲学を大切にする。

③ **優れた経験を積み上げた教師は、〈評価〉は行わず、どこで学びが成立して、どこでつまづいて、どこに可能性があったのか、事実に即して詳細に省察して自分自身の学びに専念するのが、成熟した教師の授業研究である。**

④ 「**優れた授業**」よりも「**学びの質の向上**」**を追求する学びの共同体の学校**では、授業デザインは、できる限り授業者自身に任せ、子供の学びの事実の省察を中心に協議している。新しい授業研究は、〈デザイン（目的を持って立案・設計すること：根岸）〉と〈リフレクション（省察）〉による学びの研究である。

（2）授業研究の改革
① 学年単位と学校単位で授業協議会が行われており、年間30回から多いところは100回以上行なわれている。

② マンネリズムに陥らないために、ア　個人で研究テーマを設定して研究授業に臨む、イ　１年に１回、近隣の教師を対象として公開研究会を開く。

③ 研究は本来的に個人が行うものであり、それを支援するために教師の専門家共同体が必要なのである。逆ではない。

④ 優れたスーパーバイザーは、授業改革と学校改革を助言し指導する人ではなく、その学校の校長や教師と共に学び合うことのできる人である。

6　保護者との連帯、教育委員会との連携
（1）相互不信を取り除くために
① 保護者との連帯を形成し、保護者とも学び合う関係を築くことは、必須条件。教育は次世代を担う子供に対する社会の責任であり、大人の責任。この責任を教師と保護者が共有しない限り、相互の信頼関係を築くことはできない。

② 授業参観を、保護者も授業づくりに参加する「学習参加」に転換する改革を求めたい。

（2）「学習参加」の効果
「学習参加」を実施した学校では、保護者の参加が一気に拡大した。
（3）上からも下からも
① 学びの共同体の学校改革においては、**改革は、「上から」も「下から」も推進することを追求している**。「トップダウン」と「ボトムアップ」の二項の対立を克服することが必要。

② 学校改革の「内と外の弁証法」。「**学校は内側からしか変わらない。しかし、外からの支援がなければその改革は持続しない**」という原則を固持する必要がある。

③ もっとも効果的な普及は、地域にパイロット・スクールを建設すること。

④ 学校改革とその普及は、ゆるやかなほど確実に根をはると考えている。改革を成功させる最大の条件は、決して焦らないこと。

7　国内外のネットワーク
（1）改革を「運動」にしない
① 「運動」は画一主義を生み出し、中心を生み出し、中心的指導者を生み出し、そこに権力と利権を生み出してきた。

② 学びの共同体の学校改革は「運動」ではなく、「ネットワーク」である。中心は存在しない。それぞれの学校が緩やかで自主的な連帯を形成している。

（2）改革の国際的普及
　この10年間で、学びの共同体の学校改革は国際的に爆発的に普及した。特にアジア諸国における普及は著しいが、その国際的普及の多くが国家プロジェクト、あるいはトップダウンによる改革というスタイルをとっており、安定したパイロット・スクールを一つでも多くの地域につくることが急務になっている。

8　地域にパイロット・スクールをつくろう
（1）改革の展開と課題
① 学びの共同体の学校改革は、地域にパイロット・スクールを建設し、それを拠点として近隣の学校と改革のネットワークを形成して、草の根の改革を推進している。

② 欧米諸国では、大学の授業改革が先陣を切り、それに続いて高校の授業改革が遂行され、それに啓発されて中学校と小学校の改革が進行するという経緯をたどってきた。

③ 学びの共同体の学校改革は、地域に1つのパイロット・スクールを建設するこ

とからスタートする。それを作ることが、教育の未来を約束してくれるものとなるだろう。

　学びの共同体の授業・学校改革の理念と方法を紹介してきました。

　授業と学校を改革しようとする場合、どういう理念と方法を採用すべきか迷うことがあるでしょう。私の最後の勤務校での改革をめざしたときに私たちも迷った時期がありましたが、結論的に、学びの共同体研究会の方の援助を受けながら取り組み始めました。後になって、それはとても正解だったと実感しました。どんなふうに正解で

2018年スーパーバイザー研修会にて
（左から新村純一氏、根岸康雄氏、庄司康生氏、筆者）

あったのかは、読者の方々に第5章を読んでいただいて、一緒に考えられたらと思います。

　20年を超える改革の支援と幅広い研究の中で積み上げられてきたその理念と実践は、大変深く、豊かなものだと考えています。関係する文献から学ばれるとともに、改革に協力するスーパーバイザーの方々の支援も得ながら取り組まれると良いと思います。

　それでは、私が最後に勤務したO中学校での学校改革の取り組みを記した、第5章「協同学習で学校改革に取り組む（実践編）」をお読みください。

第5章

協同学習で学校改革に取り組む
（実践編）

　私は最後の赴任校であるO中学校に6年間勤め、「協同学習により授業・学校を改革する」学びの共同体づくりに関わってきました。同僚の先生方と力を合わせて取り組んだ改革で、子供たちにとっても先生方にとっても大変貴重な経験だったと思っています。赴任当時に思ったこととは全く逆に、退職時には「この学校が最後で良かった！」と心から思いました。本校の改革は一直線に進んだものではありませんでした。いくつかの時期に分けて取り組みの様子を報告し、子供たちにとって、また教師たちにとっても私たちの学校改革がどんな意味を持っていたのか考えたいと思います。何人かの子供たちのエピソードにも触れてみます。

I　赴任した年（2008年度）の学校の様子と取り組み

1　赴任したO中学校の様子

　私がO中学校に赴任したのは2008年4月でした。その前の年はどの学年もかなり荒れていて、さまざまな問題が起こっていたようです。もちろん授業の成立も厳しい状況があったそうです。

　着任した年、私は2年生に所属して、3年生の授業を中心に担当し、1年生にもTTで部分的に関わることになりました。所属する学年の授業は持たずに他学年のみを担当する案の不合理さに、「所属する学年の授業が担当できるように変えて欲しい」と要望しましたが、「これでぜひお願いします」というのが校長先生の言葉でした。複雑な事情もあったようです。

　3クラス並行の学校でしたが、赴任当時はかなり困難の多い学校でした。非行・問題行動は連日のように起こっていて、何か問題が発生しそれに対応していると別の場所でも問題が起こり、私たちは「同時多発テロ」などと呼び、冗談まじりに自らを慰

めていました。問題行動はいじめ、暴力行為、授業妨害、教師いじめ、窃盗などさまざまでした。

　赴任後間もなく、以前からいらした先生が私に、「先生はあと（定年まで）何年ですか？」と聞きましたので、「６年です」と答えると、「それではこの学校が最後ですね。それはお気の毒ですね。ここでは難しいことをやってもだめなんですよ。私はこの学校に来て教えるレベルをずいぶん下げましたよ」という主旨の話をされました。生徒には人気の高い、芸術教科の先生でした。

2　生徒たちの様子

　その年の３年生の授業では、全体（一斉）授業で教える部分とペアや４人グループでの活動を組み合わせて、できるところから協同学習を実施していきました。授業でもいろいろな問題・課題がありましたが、生徒たちは少しずつ授業に集中して、より楽しそうに取り組むようになっていきました。

　１年生は入学直後から、授業が始まると間もなく机に突っ伏してしまう生徒が各クラスに２～３人ほどいました。一番私の印象に残っているのはＡ君でした。突っ伏しているＡ君の所に行き、「Ａ君、やろうぜ」と声をかけても起きません。しばらくしてからもう一度声をかけ肩に手をかけると、彼は私の手を大きく払い除け、突っ伏したままでした。小学校段階から授業について行けず、「学ぶことを諦めてしまっていた」のではないかと思いました。学びに参加できていないのですから、学校生活のほかの分野でも意欲的でないことは想像できると思います。

　本校の子供たちの全体的特徴として次のようなことが言えたと考えています。

① 深刻な背景（家庭環境）をかかえている子供たちが多い。
② 学びを諦めてしまっている子供たちが相当数いる。
③ 低学力の生徒が多い。低学力の「底も深い」。
④ 小学校時代に学級崩壊を経験している子供たちも少なからずいる。

3　10月に研修会を開いてもらう

　授業で協同学習に取り組み、その学校でも成果を実感するようになり、同僚や管理職に協同学習の効果や重要性を話していきました。10月に校内研修会を開いてもらい、私が「グループ学習（協同学習）の重要性」というタイトルで30分程問題提起（資料5-1）をし、授業の様子もビデオで見てもらいました。私がそこで強調したのは、「全体授業だけでは授業について来られなくなってしまう生徒も、ペアやグループでの支

え合いがあれば参加できるようになる。学びに参加できてこそ、生徒たちの生活も安定するようになる」ということでした。私の発表の後、先生方が拍手でねぎらってくれたのが印象的でした。その時に提案した「今後の方針」は次のことでした。

> 「今後の方針（案）」
> ① 校内研修会を実施していく。
> ② 研究の推進体制を確立させていく。
> ③ 全校、各学年での研究授業（授業公開し、協議し合う。全生徒の「学びへの参加」を実現する視点で）を実施していく。
> ④ 教師自身が理論的に理解することの重要性（学ぶこと）：『公立学校の挑戦』をぜひ読んでいただく（同書を教員数買ってもらうようにしました）。
> ⑤ 先進校から学ぶこと：C中学校（近くで全校で取り組んでいる学校）などの取り組みから学ぶ。
> ⑥ 今年度やること：全クラスで生活班とともに学習班（4人程度）を作っておき、教科での授業に対応できるようにしておく。
> ⑦ 来年度以降やること。（略）

4 その後の研修会参加、2月の校内研修会

市内で2年ほど前から学びの共同体づくりに取り組んでいるC中学校の11月の研修会に参加させてもらいました。研修会の後、共同研究者で来られていた埼玉大学の庄司康生教授とお話しし、「私の学校で研究に取り組むことになった場合にはご協力いただける」という承諾をいただきました。

2009年1月に熱海で開かれた学びの共同体づくりの研修会に参加し、いろいろな情報を仕入れ、学校に報告しました。この研修会への参加はとても有益でした。

2月に、庄司教授に来ていただき校内研修会を行い、研究推進委員会にも参加していただきました。「協同学習（学びの共同体づくり）に全校で取り組む意義」というタイトルで熱心に講演していただきました。その時の「生徒も教師も幸せになれる学校づくりをめざす」と言う言葉は今でも私が大切にしているものです。

その研修会がきっかけになり、翌2009年度から全校で学びの共同体づくり（全校で協同学習を推進）に取り組むことになりました。目的は「全ての生徒の学びを保障するため」ということでした。年5回の全体研究授業、年4回の学年研究授業などを行い、充実した研修体制を作ってきました。

私の発案に対して、多くの先生方が支持してくれ、校長先生も「良い方法があるな

校内研修会資料 **グループ学習（協同学習）の重要性**

２００８年１０月２０日（月） 根岸　恒雄

1．生徒たちの状況
* 高学力の生徒がいるのだが、低学力の生徒の数が多い
* 低学力の生徒の「底はかなり深い」
* 授業に実質的に参加できていない生徒が少なくない
* 授業から逃避しようとする生徒の存在
* 「学びをあきらめている生徒」の多さと問題行動の多さは比例している
* すべての生徒を「学びの世界」に引き入れてくる「授業改革」の必要性（佐藤学氏）

2．困難を打開する意味でのグループ学習（協同学習）
　グループ学習（協同学習）の意義と要点を佐藤学氏（東京大学大学院教授）の本より簡単にまとめて書いてみる。「公立学校の挑戦」（ぎょうせい）、「学校の挑戦」「教師たちの挑戦」（小学館）等から。

> ①「学び」は仲間と一緒に進めるもので、他者とのコミュニケーションが欠かせない。他者との交わりをしながら、認識や感覚を広げていく「活動的で協同的で表現的な学び」を構築する必要がある。
> ②グループ学習の良さは、友達と意見交流できるだけでなく、基礎学力を引き上げることが可能だということだ。相互の依存し合える関係を作ることは、高学力層の子は自分の知識をより確かにすることになり、低学力層の子は学ぶことをあきらめなくなるという相乗効果を期待できる。
> ③グループ学習には、「個人学習の協同化」と「背伸びとジャンプのための協同的な学び」の２つの機会がある。
> ④グループ学習は学びが成立している限りにおいて進めるべきであり、学びが成立しなくなる直前で終えるべきである。
> ⑤教師の役割は、グループの学び合いに参加できない生徒へのケア、話し合いや学び合いが起こりにくいグループへの援助である。

3．広がる協同学習の取り組み
* 現在、小学校約３千校、中学校約２千校、高校約１千校が取り組んでいるという。
* 近隣ではＣ中学校が学校ぐるみで取り組んでいる。
* Ｈ中学校では、英語科で２年前から、全校で１年半前からグループ学習に取り組んできた。

4．グループ学習に取り組んでみて
* 具体的取り組み方法や生徒の変化については後日の研修会に譲りたいと思う。
* 本校３年生での取り組み（一斉授業とグループ学習を組み合わせてやっている。グループでやると全員参加に近い状況ができるし、より個々の生徒が見えてくる。生徒同士がより親密になればよりグループ学習も進む。）
* １年生の英語での取り組み（グループ学習によって効率的に学習できる。できる生徒は教えられるし、できない生徒は教わってできる。ただ写してしまったりする生徒がいるのが課題。難しい課題を与えることが大切だ。）
* ２年生の数学での取り組み

5．私のグループ学習の取り組み方
　私は一斉授業とペア、グループ学習を組み合わせて授業を行うようにしている。
①基本文（文型）の導入、説明は一斉授業で。プリントを使った問題（課題解決）は４人グループを作らせ、わからないところは質問させ、ヒントを与えさせたり、教えたりさせる。「２，３番が全員終わったら、班長さん報告して。時間は７分」等と指示。「終わったら裏に進んでいいよ。質問されたら教えてあげて」と。１０分程度の時間で課題はどの班も終了する場合が多い。その後、一斉授業の体型に戻らせ、大事な問題（難しい問題）の答えを確認し、必要な説明をする。
②単語と本文の学習でも授業形態は基本的に同じ。単語学習、本文リスニング、はじめのリーディング等は一斉で。プリントを使った部分和訳、読み取り、Ｑ＆Ａ、自己表現等はグループでやらせる場合が多い。その後、一斉に戻して大事な問題の答え合わせや説明を行う。音読は一斉でやったり、グループ読みや、ペアでの日本語→英語などの練習を行う。

個別学習ではほとんど何もやらない（やれない）生徒も、グループだと聞くことができる。一人では眠ってしまいがちな生徒も、グループでは眠れなくなる。後のペア活動に必要だと思えば、自分の課題をやらなければならない。

6．グループ学習についての生徒の声
　私が昨年度教えていたＨ中学校の３年生にアンケートをとった（２００８年２月末実施、右端は２００７年５月）

　① グループでの学習は効果があると思いますか？（全体１７０）

	1	2	3	4	5	6	合計	割合	（５月）
効果がある	１２	１２	６	１０	６	９	**６１**	**３６％**	２５％
わりと効果がある	１０	１１	１７	１４	１７	１６	**８５**	**５０％**	６３％
あまり変わらない	３	２	３	３	４	５	２０	１２％	１０％
ほとんど効果がない	１	２	１	０	０	０	４	２％	２％

　② グループでの学習は楽しいですか？（全体１７０）

	1	2	3	4	5	6	合計	割合	（５月）
楽しい	１６	１０	９	１４	１０	１２	**７１**	**４２％**	２７％
わりと楽しい	４	１３	１０	８	１５	１１	**６１**	**３６％**	３８％
ふつう	７	４	８	５	３	７	３４	２０％	４１％
あまり楽しくない	１	２	１	０	０	０	４	２％	４％

7．昨年度のグループ学習のまとめ
　①「グループ学習は効果がある」と答えている生徒が86％（36％と50％）いる。「効果なし」は2％。
　②「グループ学習は楽しい」と答えている生徒も78％（42％と36％）いる。「楽しくない」は2％。
　③グループ学習を支持している生徒が圧倒的に多い。
　③ 個人で課題を解く場合にはやらない（やれない）生徒もグループだと参加できるようになる。
　⑤**「教えること」「全体で活動（聞いたり、読んだり、発表したり）すること」を中心にした一斉授業と「課題解決」「共同学習」「書く」等のグループ学習を区別し、組み合わせることが大切だと思う。**私の場合は、「はい、５秒で移動。Ready, go！」とやっている。
　⑥**グループ学習は生徒の英語の力を高める上でも明らかに有効だったと思う。**（実力テストの市平均との比較では、４０点満点で、９月：＋１．９点、１０月：＋２．３点、１１月：＋２．８点であった）。
　⑦活動、小グループによる協同、表現の共有を意識した授業展開を試みたい。
　⑧２００７年度のＨ中学校の研究課題は「協同学習」を授業に取り入れることであった。６月の校内研修で根岸が問題提起を行い、夏休みに全職員が佐藤学氏の本を１冊は読むことが課題とされた。２学期、３学期に各学年で研究授業が行われた。この取り組みをさらに広めていくことが大変重要であると思う。

8．全校でグループ学習（協同学習）に取り組むために：授業改革に取り組む

　①**校内研修会の実施**
　②**研究の推進体制の確立**
　④ 全校、各学年での研究授業（授業公開し、協議し合う。全生徒の「学びへの参加」を実現する視点で）
　⑤ 教師自身が理論的に理解することの重要性（学ぶこと）：『公立学校の挑戦』をぜひ読んで頂く。
　⑥ 先進校から学ぶこと：Ｃ中学校などの取り組みから学ぶ。
　⑥**今年度やること：全クラスで生活班とともに学習班（４人程度）を作っておき、教科での授業に対応できるようにしておくこと。**
　⑦来年度以降やること

9．グループ学習を入れた授業の紹介（略）

ら、やってみようじゃないか」と言ってくださいました。それは多くの教師がその学校に来て「いやな体験を多くしてきた」からではないかと私は思います。教師たちがいやな思いをしてきたとすれば、生徒たちはそれ以上だったでしょう。

Ⅱ 改革の始まりと進行、子どもたちと学校の変化

　2009年度（平成21年度）から全校での協同学習の推進（学びの共同体づくり）が始まりました。この年私は2年生の学年主任になり、研究副主任になりました。研究主任になったY先生たちと力を合わせて、全校での取り組みを進めていきました。前著『楽しく英語力を高める"あの手この手"』ではその改革が始まったこと、同年の校内研修方針、研究会の持ち方、その年の取り組みを終えて、生徒・教師の声などを紹介しました。ここではまず2009年度の取り組みを少し紹介し、2010年度、2011年度までの取り組みを紹介します。全校で協力して進めた学校改革ですが、私にとっては学年主任としての学年づくり（2年生、3年生、次の1年生）の時期でもありました。

1　2009年度、2010年度校内研修方針

　2009年度、2010年度の校内研修方針は次のとおりでした。ここでは10年度（学校全体での取り組みの2年目）のものを紹介します。全体的方針は両年度ともほぼ同じものでした。

平成22年（2010年）度校内研修方針

平成22年4月22日（木）

1　基本方針
　　全ての生徒の学びを保障するため
（1）学びの共同体づくり（協同学習の推進）に全校で取り組んでいく。
（2）生徒との間では、「学び合い学習」として、取り組みを行っていく。
（3）全教師が年に一度は授業を公開（学年研究授業または全体研究授業）し、全員で研究協議を行う。
（4）授業研究の目的は、①生徒同士の「学び合う関係づくり」、②教師同士の「学び合う関係づくり」（「同僚性」の構築）、③「高いレベルの学びの実現」とする。研究協議は「子どもの参加のしかた」から授業を読み解く形で行う。
（5）外部から講師を招聘し、指導を受け、共に研究を進める。
（6）先進校への視察とその報告を継続的に行い、具体的なイメージをつかんでいく。

2　研究授業の持ち方
（1）月1回程度、学年研究授業と全体研究授業の研究協議を行う。
（2）当面は校内で行う（外部に公開しない）授業研究会とする。
（3）研究授業（公開授業）には指導案ではなく、「授業デザイン」を書いて行うようにする。

3　具体的進め方
（1）外部講師を6回招聘して全体研究授業を行い、年4回学年研究授業を行う。
（2）C中学校、及び他の先進校への視察を行う。
（3）学校予算で不足する費用についてはPTA特別会計より支出してもらうよう依頼する。
（4）校内研修を学校運営の中軸にするために、単純化できる組織や運営は改革を加えていく。
（5）全クラスで男2，女2を基本とする（市松模様の）グループを作って活用していく。
（コの字型の座席を入れられる学年、教科は、それも取り入れていく）
（6）「人間関係づくり」の取り組み（構成的グループエンカウンターや社会性スキルなど）も必要に応じて行っていく。

4　研究授業計画

月　日（曜）	内　容	研究授業者
4月	学年研究授業	N教諭　Y教諭
5月12日（水）	**全体研究授業（庄司先生来校）**	3年 In 教諭
6月	学年研究授業	H教諭　F教諭　S教諭
7月2日（金）	**全体研究授業（村瀬先生来校）**	3年 Ne 教諭
8月6日（金）	4校合同研修会 （庄司、北田先生）	O中　C中　O小　C小
9月	学年研究授業	O教諭
10月	学年研究授業	N教諭
11月2日（火）	**全体研究授業（村瀬先生来校）**	2年 Wa 教諭
11月	学年研究授業	T教諭　A教諭　Y教諭
12月2日（木）	**研究授業（佐藤学先生来校）**	1年 Yo 教諭
1月	学年研究授業	T教諭　F教諭　S教諭
2月1日（火）	**全体研究授業（庄司先生来校）**	2年 Yo 教諭

＊全体研究授業　5人　学年内研究授業13人

＊講師
  佐藤 学 先生（東京大学大学院教育学研究科教授）
  庄司 康生 先生（埼玉大学教育学部附属教育実践総合センター教授）
  村瀬 公胤 先生（麻布教育研究所代表）
  北田 佳子 先生（富山大学准教授）

5 　全体研究授業の持ち方
（1）年間5人の授業者を決定する。
（2）全体研究授業の日の日程は次のようにする。

① 1～3時限の授業	8時50分 ～ 11時40分
② 給食、清掃	11時40分 ～ 12時40分
③ 第4時限の授業（校内の公開とする）	12時45分 ～ 13時35分
④ 帰りの会（生徒下校）	13時40分 ～ 13時50分
⑤ 研究授業	14時10時 ～ 15時00分
⑥ 研究協議会	15時20分 ～ 16時30分
⑦ 研究推進委員会	16時40分 ～

6 　学年研究授業の持ち方
（1）全体研究授業をやらない人は1回は学年研究授業を行う。
（2）学年内で授業日（4月、6月、9・10月、12月、1月）を決め、全体にも公表しながら実施する。
（3）学年内の授業研究会を持つようにする。

7 　研究推進委員会の持ち方
（1）校長、教頭、5人の推進委員で構成する。
（2）月1回の推進委員会を定例化させる。
（3）先進校や関係図書から積極的に学び、学校の研究推進に生かすようにする。
（4）全校の研究推進上での課題を明らかにし、分担・協同して課題を推進していく。
（5）新年度の当面の課題

8 　その他
（1）先進校視察について

2 改革の1年目（2009年度）を終えて

2009年度、研究推進委員会を中心に全教職員で協力して進め、全校での協同学習推進の初年度の取り組みはかなりの成果をあげて終了しました。その年度の2月、2年生の理科の研究授業が行われました。理科室で実験に参加する生徒たちの真剣に学び合う様子は、とてもそれまでのO中学校の生徒たちのイメージではなく、その年度に研究主任のY先生と私とで見学に行っ

理科の研究授業で

たS県のM中学校での授業の様子をも上回るのではないかと思うほどでした。「1年間でこんなにも変わり得るのだ」というのが率直な気持ちであり、多くの教師たちの驚きでした。

（1）2009年度の終わりの私自身の実感としては次のことがあげられます。

【取り組みの成果】
* 上級生になるほど学び合う関係が高まり、学ぶ意欲を高めている。私が担当している2年生もかなり難しい課題にも挑戦してくる生徒が増えてきた。学びをあきらめている生徒は以前に比べるとずいぶん減ってきている。
* 非行や問題行動が激減している。どの学年もかなり落ち着いて生活している。
* 子供たちと教師との関係が以前よりも良くなってきている。
* 職員間の信頼関係が高まってきている。
* この取り組みに対して「成果を実感している」職員が多くいる。
* 研究推進委員会がしっかり機能し、全校の推進役になっている。

【今後の課題】
* 教師が学びながら、この取り組みを続けていくこと、発展させていくこと。
* 下級生ほど学ぶ意欲や学力の低い実態の中で、それをふまえて授業を改善していくこと。
* 「共有の課題」とともに「ジャンプの課題」も意識した授業を心がけていくこと。
* 学年間の援助体制を作ること。
* 小学校との連携を模索していくこと。
* 生徒や保護者にも改革に参加してもらうための方法の研究。

（2）「学び合い学習」生徒アンケートから

　初年度の取り組みを検証するため、生徒と教師からアンケートを取りました。生徒アンケートの結果の中では、次のことが特に重要だと言えるでしょう。

> 1．あなたは、学び合い学習が、学力を高めることに役立つと思いますか？
> 　　「そう思う」と「どちらかといえばそう思う」の合計は、1年～3年までどの学年も約85％でした。学び合い学習（協同学習）に取り組んでいくことが自分たちの学力を高めることにつながっていく、と実感している生徒が大変多いことがわかります。
> 2．あなたは、学び合い学習が、楽しく学ぶことに役立つと思いますか？
> 　　この項目でも「そう思う」と「どちらかといえばそう思う」の合計は、どの学年も約85％でした。友と協力して学んでこそ楽しく学べることを実感している生徒が大変多くいます。

　学校が良い方向に変わってきていることはほとんどの教師が実感していたと思います。「全校での学び合い学習を進めていくことが、自分たちの学力を高め、楽しく学んでいくことに役立っている」ことを多くの生徒たちが実感している事実もとても大事なことだと思います。

3　改革の2年目（2010年度）の取り組みから

　2009年度の終わりに翌年度から2年間の道徳教育の研究指定を受けることが協議されました。学びの共同体づくりの成果を多くの教師が実感していましたので、次のようなテーマを設定して研究指定を受けることになりました。2年間一緒にやらせていただいたT校長が退職され、後任のT校長が新しく赴任されました。2010年度、11年度と市と県の道徳教育の研究指定を受けることになりました。私たちは次のように研究テーマを設定して取り組むことにしました。

> ① 研究分野　　　心豊かな人づくり
> ② 研究テーマ　　ともに学び、ともに鍛える心豊かな生徒の育成
> 　　　　　　　　～協同学習（学びの共同体づくり）の推進をとおして～

　研究指定を受けましたが、私たちが進めたのは学びの共同体づくり、授業改革に熱心に取り組み、学校を改革していくということでした。「心豊かな子供たちはその結果として育っていく」と考えていたからです。

(1) 7月に3年生の英語の研究授業を実施

　同年の7月2日の全校研究授業で、私は3年生のあるクラスの英語の授業で歌"Dance with my father"の導入と鑑賞を行いました。（歌詞プリントを版権の関係で載せられません。家族愛を扱う素晴らしい歌ですので、インターネット等で歌詞、曲を検索されることをお勧めします）Reading-Listening方式で行いましたが、鑑賞まで試みたのはその時が最初でした。それまでの導入にも意義を感じていましたが、それに加えて、「自分が最も感銘を受け共感する行やスタンザ（連・まとまった数行）」を選ばせて理由も含めて交流して、歌を鑑賞するというものでした。そのクラスの担任であり国語担当のN先生に相談してそんな方法を試したのですが、それ以来私は、Reading-Listening方式は「グループ学習を入れながら、英語の歌の導入と鑑賞をさせられる」方法と考えて実践しています。

(2) A君の学びへの参加の仕方、支える仲間たち！

　全校の研究授業でしたので、放課後研究協議が行われました。幸いなことに生徒たちが学び合う様子がビデオでも撮られ、私も後で何度も見ることができました。発見したことが多くありましたが、最も大きな発見はA君の学びへの参加の仕方でした。

　先に触れておきますが、入学後間もない授業で開始直後に突っ伏してしまい、起こしに行くと手を払い除けて突っ伏したままだったA君は、1年生の中旬頃の英語の授業では突っ伏すことはほとんどなくなりました。英語の授業では毎時間のようにペアやグループの活動が行われ、その中で支えられていたのだと思います。学びに参加するようになったA君が生活面で落ち着いてきたのは2年生の初夏くらいからでしょうか。学びに参加できるようになり、その後しばらく経ってから生活が落ち着いてきました。そして2年生の秋くらいから部活動にも熱心に取り組むようになり、野球部のピッチャーとして3年生の6月頃の大会で活躍していたのでした。

　さてA君の学びへの参加ですが、グループを作ってReadingで（　）に英単語を入れるのも、Listeningで入れるのも課題が高いです。彼は正面に座っているBさんのプリントをしっかり見て「ふーん」と頷き答えを書き、今度は隣のCさんのを見て頷きながら答えを書き、グループの人だけで解決できなければ別のグループの人のを見ています。視かれたBさん、Cさんも別のグループの人も決していやな顔をせず笑顔を向けます。そしてA君の集中が切れそうな時には笑顔を向けて「さ、やろう」と促すのです。まわりの女子たちはA君の学びへの参加の仕方を理解していて、さりげなく支えているのです。そうした関係の中でA君はかつては諦めかけていた学びに参加できるようになり、生活も安定するようになり、部活動でも活躍できるようになってきたのです。

(3) その後のA君の活躍

　A君のその後の活躍も紹介しましょう。その年の秋に行われた文化祭の合唱コンクール、3年生の3クラスとも自分たちで練習を進め、素晴らしい合唱を披露してくれました。A君はそのクラスの指揮者に選ばれ、女子たちの熱心な支援を受け、立派に役割を果たしました。運動能力の高い彼の指揮は素敵でした。そしてその実績を買われ、今度は卒業の時の学年合唱で指揮者に抜擢され、晴れ舞台で大役を果たしました。一年生の頃のことを知る私たちは、涙なしにはその姿を見ることはできませんでした。9月の体育祭も、10月の文化祭も、3月の卒業を祝う会も卒業式も本当に充実した感動的なものになりました。「すべての生徒が学びに参加できるようになる」と学校は本当に変わるのだと実感しました。

(4) 夏休みに小中4校合同研修会を実施

　この年の8月6日、小中4校合同の「学び合い学習」研修会をO中学校を会場にして行いました。動機は、(1)学びの共同体づくりに取り組んでいるC中学校とO中学校の取り組みを交流したかった（特に教科ごとの工夫等）、(2)小学校段階から取り組んでもらえば、学び合う関係づくりも進むと考え、C小学校とO小学校に呼びかけたところ参加していただけたことでした。各校の研修担当者が連絡を取り合い、横と縦の関係の学校が合同で協同学習の研修会を行うことはあまり例がなかったようです。第1回目の内容は次のようでした。子供と学校の取り組みを中心にした校種別交流、地域別交流が行われ、大変充実したものでした。

```
　　　　　　　　　　夏休み 小中4校 合同研修会
1　日　時　　8月6日（金）　9:00 ～ 12:00
2　場　所　　O中学校　音楽室・図書室
3　参加校　　O中学校（22名）　　C中学校（13名）
　　　　　　　O小学校（24名）　　C小学校（12名）
4　プログラム
　(1) 全体会（音楽室）　9:00 ～ 9:30
　　①会場校校長あいさつ並びに指導者紹介　O中学校　　T校長
　　②基調講演　　　　　　　　　　　　　　埼玉大学教授　庄司 康生先生
　(2) 小中別分科会　9:35 ～ 10:55
　　①小学校部会（音楽室）
　　　「小学校における学び合い学習の意義と方法」（ビデオ研修を含めて）
　　　　　　　　　　　　　　　　　　　　富山大学准教授　北田 佳子先生　指導
　　②中学校部会（図書室）
```

「ワークショップ型研修」学び合い学習部主導
・昨年KJ法を用いて作成したポジティブシートとネガティブシートを受けて、クロス法による課題解決シートを作成する。
国語部　社会科部　数学部　理科部　英語部　体育・音楽部
技家・美術部
「教科別研修」　教科主任主導　庄司 康生 先生 指導
・過去の授業デザインをもとに、効果的なグループ学習の方法と課題設定の具体例について協議する。

(3) 全体会（音楽室）　11:05～11:35
① 指導講評　　庄司 康生 先生・北田 佳子 先生
② 質疑応答
③ 各校校長より　4校長

(4) 地域別研修会　11:40～
① O小・O中（図書室）　学び合い学習部主導　庄司 康生 先生 指導
・昨年度の生徒アンケートと教師アンケートの結果の報告と生徒の状況について情報交換を行う。
② C小・C中（音楽室）　　　　　　　　　　　　北田 佳子 先生 指導

4校合同研修会で

(5) 2010年度の私自身のまとめは次のようになります。

① 研究授業・公開授業は2009年度と同じペースで実施しました。
② O中、C中、O小、C小の教師が一堂に会し、4校合同の「学び合い学習」研究会を8月6日午前に行いました。約80名の教師が参加。研究協力者として、埼玉大の庄司教授と富山大の北田准教授にお世話になりました。「学び合い学習」の意義や方法を確認し、中学校の教科別交流と小中の交流会も行

いました。小学校に「学び合い学習」について理解を深めてもらう機会になりました。

③ 今年度になり、学校は全体的により落ち着きを増しています。体育祭、合唱コンクールなどの行事は、3年生を中心にし、本当に意欲的に取り組み、大変感動的なものになりました。教師の直接的な指導をあまり受けなくても、生徒同士で相談し、クラスの取り組みを進めてきているのが特徴でした。合唱コンクールでの職員合唱の時には、全校生徒が手拍子で盛り上げてくれて、全校が1つになり、心地よい時間でした。「上を向いて歩こう」を歌いながら、「涙がこぼれないよーうに」という歌詞が他人ごとではない瞬間でした。

④ 10月25日に北部教育事務所と熊谷市教育委員会との合同訪問があり、公開授業がいくつも行われました。訪問者の方々からは、ア．生徒たちがとても良い表情で学び、生活している、イ．学校が年々良くなっているのを実感している、ウ．気持ちよくあいさつしてくれる生徒がとても多い、エ．掲示物なども工夫され、学校が美しくなっている、などの話がありました。学校で働く者にとっては嬉しい言葉でした。

⑤ 3年生は男女分けへだてなく、とても仲良く生活し、学んでいました。不登校生徒も以前に比べるとずっと減りました。2年生はいろいろな課題を抱えてきた学年ですが、以前に比べると人間関係もできてきて、学ぶ意欲も高まってきているように思います。1年生はさらに課題を抱えた学年として入学してきました。いろいろな事件やトラブルが起こっていますが、一つひとつ学年や生徒指導部を中心に丁寧に対応しています。引き続き、丁寧な授業づくり、協同的な学びの実現、丁寧な生徒指導、部活動の充実、などに全校で取り組んでいくことになると思います。

⑥ 大会などで活躍する運動部や文化的な活動でも活躍する生徒が増えてきています。

⑦ 学びの共同体づくりに取り組み、協同的な学びを実現している意義は大変大きいと思います。生徒同士の結びつきが強まり、それが落ち着いた生活を支えていると言えます。それまで学びに参加できなかった生徒が意欲的に学ぼうとするとき、「支えてくれるのはケアしてくれる友だ」ということをいろいろな場面で実感するようになりました。

⑧ 協同的学びの実現では、ア．共有の課題を丁寧に扱う、イ．背伸びとジャンプの課題に取り組ませる、ウ．ジャンプの課題は難しい方が良いと言われています。そのとおりだと思うのですが、本校のように学力の低い生徒が多い学校では、共有の課題を丁寧に扱い、どの生徒にもわかり、できるようにさ

せることがまず重要だと思います。「わからなかったら遠慮なく聞くんだよ」と言っても、自分からは聞けない子が少なくない実態も考えた提起も必要です。
⑨ 自校の研究会、他校の公開研究会、講演などから学び、学びの共同体づくりの理念に理論的にも確信を深めている教師が増えています。

4　改革の3年目（2011年度）の取り組みから
（1）平成23年度の「学び合い学習」研究方針
1　基本方針

前年度のものとほぼ同じでしたが、この年度より「今年度は全学年でコの字型の座席を試行してゆく。目的は表現や意見をつなぎ、深めてゆくため」という項目が付け加えられました。その前の年度までは「形よりも内実を取ろう」とコの字型の座席を全学年に求めたわけでなかったのですが、この年度から全学年で行うことを決めました。

2　研究授業計画

月　日（曜）	内　容	研究授業者
4月	学年研究授業	S教諭、Y教諭、Y教諭
5月or 6月	学年研究授業	N教諭、N教諭、K教諭
6月6日（月）	**全体研究授業（村瀬先生）**	3年 Wa教諭（国語）
6月17日（金）	道徳研究授業	
8月3日（水）	**小中合同研修会（村瀬、佐藤雅先生）**	
9月or10月	学年研究授業	F教諭、M教諭、Y教諭
11月5日（土）	**道徳教育研究発表会（公開授業）**	9クラスの授業を公開
11月or12月	学年研究授業	K教諭、S教諭、I教諭
12月1日（木）	**全体研究授業（庄司先生）**	2年 Ta教諭（英語）
1月or 2月	学年研究授業	O教諭、H教諭、Y教諭
2月2日（木）	**全体研究授業（佐藤学先生）**	1年 S教諭（数学）

＊全体研究授業　4人、学年内研究授業15人
＊講師　佐藤　学　先生（東京大学大学院教育学研究科教授）
　　　　庄司　康生　先生（埼玉大学教育学部附属教育実践総合センター教授）
　　　　村瀬　公胤　先生（麻布教育研究所代表）
　　　　佐藤雅彰先生（元富士市立岳陽中校長）

（2）この年度にやったこと
① 研究授業の実施

　　その年度は外部講師を招いての授業研究会は3回でした。その時は第4時が全クラス公開授業に、また第5時に1クラスだけ研究授業になりました。全体研究

授業をやらない教師は学年研究授業を行いました。

② **小中4校合同研修会**

　この年度も8月3日に、小中4校合同研修会を実施しました。目的は小中の連携、他中学校との連携（特に教科別交流）でした。講師は麻布教育研究所の村瀬公胤先生と富士市立岳陽中学校元校長の佐藤雅彰先生にお願いしました。佐藤先生は別の学校への訪問予定を変更して、4校合同研修会に来ていただきました。中学校同士が横で連携し、小学校との連携にも道を開いている研修は全国的に見ても大変貴重だということでした。

　内容的に盛りだくさんでしたが、大変充実した研修が行われました。「来年もぜひ行いましょう」（C中校長さん）、「去年種をまいてもらったから、今年は芽を出させなければね」（O小校長さん）のような声が寄せられました。本校参加者の感想・意見も全体的に大変肯定的でした。

　翌年度に向けては、内容的にさらに検討を重ねて実施したいと考えていました。

③ **道徳教育研究発表に関係して**

　ア　研究紀要づくり

　　11月5日（土）の研究発表会（心豊かな人づくり）「ともに学び、ともに鍛える心豊かな生徒の育成　～協同学習（学びの共同体づくり）の推進をとおして～」に向けて研究紀要を作成しました。私も学び合い学習部の部長として、その部分の作成に関わりました。学び合い学習の充実と道徳教育の充実で心豊かな生徒を育成するという研究テーマに基づき、充実した紀要ができあがったと思います。

　イ　「学びの基本スタイル」の決定

　　学びの共同体づくり推進の3年目にして、本校の「学びの基本スタイル」を作成しました。毎時間そのスタイルで授業が行えるわけではありませんが、1つの目指すべきスタイルとして、授業計画の指針にすることにしました。

研究発表会全体会

　ウ　研究発表会の様子

　　2010年度、11年度の2年間は着任したT校長を先頭にして全職員で学びの共同体づくりと心豊かな人づくりのための取り組みが行われた時期でした。研究推進委員会の下に、①学び合い学習部、②思いやり研究部、③環境づくり推進部の3つの部を設けて活動してきました。2年間の研究成果は11月5日の研

究発表会用に作られた研究紀要にまとめられています。資料の中から、研究組織と学び合い学習部の取り組み（資料5-2）、本校の「学びの基本スタイル」（資料5-3）を紹介します。発表会当日は100人余の方々が参加され、全クラスの公開授業とともに研究発表が行われました。参観された方からは「生徒たちがとても良い表情で、熱心に学んでいる様子が印象的だった」「全校で協同学習を進める意義や効果を大いに広めて欲しい」などの声が寄せられました。

④ ふだんの授業の交流

　全校での研究授業、学年での研究授業と研修会を重ねてくる中で、ふだんの授業を気軽に見合う関係が強まってきました。廊下を通りながら、他の教科の授業を少し見学させてもらうことがあり、生徒の様子を見ながら、他教科の授業から学ばせてもらうことも多くありました。生徒も他教科の先生が教室にいても、普通に授業に参加しているようでした。

（3）学び合い学習部としてのまとめ

　学び合い学習に全校で取り組んで3年が経過しました。取り組む前の状態に比べ多くの成果をあげていました。1月時点での学び合い学習部のまとめから引用してみます。

① 2年間の研究指定「心豊かな人づくり」を「協同学習（学びの共同体づくり）をとおして」として学び合い学習と道徳教育の推進を両立させてきたのは意義があったと言えます。多くの成果を生み出し、その取り組みや成果を研究発表会で他校の方々にも示すことができました。

② 本校の「学びの基本スタイル」を決め、1つの指針とすることは意義が大きいと言えます。これを実際の授業で具体化してゆくことが望まれます。

③ 小学校時代には困難を伴っていた3年生、2年生が、高学年になるほど学ぶ意欲を高めてきたのは、学びの共同体づくりに取り組んできた成果を表していると言えるでしょう。特に2年生は課題がまだまだありますが、生徒同士の結びつきは強まり、学習が苦手な生徒たちが他の生徒にケアされる関係は随分できてきています。

④「年々、生徒の様子が良くなってきている」という外部からの評価をいただいています。丁寧な生徒指導、熱心な部活動の指導等の成果もありますが、全校で協同学習に取り組んでいる意義が大きいと言えるでしょう。

⑤ 職員間の信頼関係が以前より高まってきているように感じられます。

⑥ 2010年、2011年と2回にわたり、小中4校合同研修会が行われた意義は大きいです。学びの共同体づくりが横と連携を取り、小学校との連携を模索した取り組みは全国的に見ても貴重なものだそうです。

3 研究の構想図

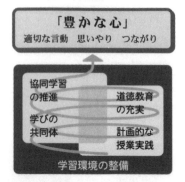

4 研究組織

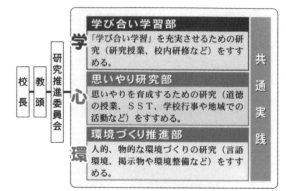

Ⅱ 各部会の取組

学び合い学習部

○協同学習を推進し、「学びの共同体」づくりを目指す。

1 「学び合い学習」とは？

すべての生徒の学びを保障するため、東京大学教育学部教授 佐藤学先生らが提唱している、「学びの共同体」づくり（協同学習の推進）を目指した活動システムのこと。
（1）対話的コミュニケーション（聴き合う関係）に基づく協同的な学びを追求する。
（2）授業は一斉授業（コの字形が基本）とグループ学習（男女交互の市松模様の4人組が基本）を効果的に組み合わせて行う。
（3）グループ学習には「個人学習の協同化」と「背伸びとジャンプのための協同的な学び」（次ページ参照）がある。
（4）ケア（教師から生徒へ、生徒同士）があってこそ、すべての生徒が学びに参加でき、協同的な学びが実現していく。
（5）協同的な学びが実現することで、コミュニケーション能力・課題解決能力・思考力・表現力・学習意欲等の向上や落ち着いた学校生活が期待できる。

2 本校の「学び合い学習」の取組

本校では、平成20年度から子どもたちの実態を考えて、「学び合い学習」に注目した。平成21年度から全校で「学び合い学習」に取り組み始め、今年度で3年目となる。
（1）授業研究
① 全教師が年1回は研究授業（全体または学年）を行い、研究協議を行う。
② 研究授業は「授業デザイン」（別添資料参照）を書いて行う。
③ 研究協議は「子どもの参加の仕方」から授業を読み解く形で行う（別添資料参照）。
（2）校内研修
① 外部から年4回（平成21、22年度は6回）講師を招聘し、指導を受け研究を進める。
② 夏季休業中に4校合同研修会（O小、C小、C中と）を行う。（平成22、23年度）
③ 先進校視察の報告、研究会、関係図書などから、教師自ら積極的に学ぶ。

東京大学 佐藤学先生を招いての研修会

資料5-3

3 本校の「学びの基本スタイル」

授業デザイン（生徒の学びに視点をあてた簡素化した指導案）作成の視点

- ○1時間の学びに軸があるか。（学習内容が明確になっているか）
- ○質の高い学びへ生徒をもっていけるか。（ジャンプのある学びがあるか）
- ○グループでの学びに意義はあるか。（グループ学習に適した学習課題が設定されているか）

授業の展開

学習活動	学習内容	留意点
1 課題提示・説明・活動・作業	○理解、観察、読みなどの操作的、知的な活動	◇一斉授業（コの字型）学習体型 ☆教師はコの字の中に入って。 ☆しっとりした雰囲気で始めたい。 ☆準備の遅れている子にかかわる。 ☆教材との出会いを大切にしたい。
2 グループ活動① 	学習課題 1 ○基本的なことを共有する学び ・全体の底上げ ・個人学習の協同化	◇グループ活動① ☆机が離れていないか、机の上に余計な物をおいていないか。 ☆全体の様子を見て、学習が停滞しているグループへの援助や、学習に参加できない生徒をグループにつなぐ援助を行う。
3 全体での確認の場面		◇全体での確認（コの字型）
4 グループ活動② 	学習課題 2 ○高い課題に挑戦する学び ・高いレベルの課題 ・背伸びとジャンプのための協同的な学び	◇グループ活動② ☆意義や必要性のある活動にする。 ☆個の力を出し切り、仲間と交流しなければ解決できない課題が望ましい。 ☆必要によりグループを超えた学び合いを示唆する。
5 全体での探究の場面 	生徒の言葉、作品等により深める ・できる限りこの場面を入れる。 ・交流や発表によって解決法を深める。	◇全体での探究（コの字型） ☆子どもの息づかいを合わせてから始めたい。 ☆教師のつなぎの言葉が大切。 「なぜそう思ったの？」 「これについてはどう思う？〜さん。」 「〜まではわかる？」 ☆生徒が自分の言葉で、互いに顔を合わせ説明できるようにさせる。

⑦ 日々の授業を気軽に見合うようになり、教師同士の学び合いがより行われるようになってきました。

（4）翌年度に向けての学び合い学習部会としての要望

　2年間の研究成果を確認する研究発表会を大変有意義に終えたあと、次年度に向けた研究・研修テーマの検討が始まりました。校長先生からはその頃文科省が言っていた「言語活動の充実」をテーマにしたいという意見が出されましたが、年度末の教員アンケートでは約8割の教師が学び合い学習（学びの共同体づくり）の継続を希望していました。それらも踏まえ、学び合い学習部としての要望を作成しました。

① 引き続き、学び合い学習を学校全体で推進してゆくことを研修の中心にすえていきたい。
② 年間5回の全体研究授業と研修会、小中合同研修会、学年研究授業と研修会を充実させたい。
③ 来年度は全学年でコの字型の座席配置にし、4人グループと併用し、協同的学びをめざしてゆきたい（全校でコの字型の座席配置を決めましたが、途中からやめてしまった学年がありました）。
④ 先進校視察に行く人の数を増やしたい。
⑤ 関係図書を購入し、読めるようにしたい。

　O中学校の困難な過去を体験し、改革に取り組んできた人たちが特に熱心に継続を希望していたように思います。

Ⅲ　研修方針変更の動きと学年の取り組み

1　2012年度の取り組み
（1）全校の研究テーマ、研修方針の変更

　2012年度（平成24年度）、研究テーマについて議論が行われましたが、最終的に「言語活動の充実」とされ、そのための一つの方法が学び合い学習と位置づけられました。「協同学習を全校で推進することが言語活動の充実につながるだろう」という意見もありましたが、そのようには決められませんでした。外部から講師を呼んで行う学び合い学習の研修会は2回とされ、2010年度、2011年度と来ていただいた佐藤学氏の来校も日程が合わず実現しませんでした。全職員が参加して行われる研究授業と研究協議の回数が減ってしまったのは残念なことでした。私は村瀬氏に来ていただいた第2

回の全体研究授業（1月実施）を2年生のクラスでやらせてもらうことにしました。それが全校で行う学びの共同体づくりの研究会の最後になってしまいました。学年単位の研究授業も全体としての位置づけが低まった感じはありましたが、私の学年（2年生）では、工夫しながら5回の学年研究授業と研究会を実施してきました。

一方、だいぶ少なくなってきていた非行や問題行動がこの年度の中頃から少しずつ増えてきた傾向にありました。原因は単純ではありませんが、私の学年も同傾向にありました。丁寧な生徒指導や家庭との連携等を行いながら対応してきました。

（2）学年としての取り組み

私の担当した学年は、1年生の時から生徒の学年委員会（各クラス男女各2名の学級委員で構成）が中心になり、生活や学習、行事、集会などの取り組みを行ってきました。1年生の2学期前半には学年目標を「どの授業にも集中して取り組もう」として全クラスで取り組みました。2学期後半は「学び合う関係を高めよう」という目標で取り組みました。小学校時代に学級崩壊に近い状態を経験した生徒が少なからずいる中での取り組みでした。学び合い学習を学年集団づくりで補うような取り組みでしたが、2年生以後の研修体制の変更も考えると、より意義のある取り組みになったと考えています。

行事への取り組みも教師だけが中心になって運営するのではなく、学年委員を中心に進められるように支援してきました。学年委員には、①学年委員としての自覚、②先を見通して準備すること、③進んで行動すること、④仲間を増やしていくこと、⑤学年委員同士が力を合わせること、⑥困ったら相談すること、などを指導してきました。そう活動してきた学年委員の生徒たちの多くは、授業への集中や学び合い学習でも力を発揮していきました。

（3）全校での最後の研究授業

1月に行われた最後の全体研究授業で、私は歌 Zero Landmine の学習・鑑賞を行いました。当初は My Dream の執筆から発表をさせたいと考えていましたが、そのタイトルでは書きにくい生徒がいたことと My Dream という作品をクラスで公表することには難しさが伴うのではないかと考えて途中で変更しました。私がその研究授業にかけた思いには、①生徒たちが作品と友と自分と対話し、思考を深められる機会にしたい、②対話と思考に基づく言語の活動を充実させたい、③学び合い学習の意義を改めて確認できる機会にしたい、等がありました。

研究授業の詳しい様子を第3章の歌の導入と鑑賞のところで紹介しています。ここでは繰り返しは避けますが、単語や重要表現の学習、協同での歌詞のメッセージの読み取り、最も感銘を受ける部分の発表・交流、歌と坂本さんたちの取り組みへの感想の執筆など、対話と思考に基づく言語活動の充実の一つの実践を示せたのではないか

と考えています。

Ⅳ　2013年度（私の最後の勤務の年）の様子と実践の総括

1　2013年度の学び合い学習と3年生の様子

　私の最後の年（2013年度）は、「言語活動の充実」をテーマにした公開授業を全員が年に一度は行うことになり、空き時間の人が参観、その後協議する形になり、全員での研究会はなくなってしまいました。学年単位の研究授業もシステムが変わったためにやりにくくなってしまいましたが、私の学年では授業を入れ換える等しながら、できるだけ多くの学年教師が参観でき、放課後研究会が持てるように工夫を試みました。

　1年生の時期を、全校での学びの共同体づくりの中で送れたことはやはり幸いであったと思います。学年教師の協力もあり、座席配置や班作りも学び合いが成立しやすくなるように作られていました。3年生になっても、学び合い学習は学年としての重要テーマでした。学年の学習担当であったS先生などもことあるごとに「学び合い学習の重要性」を生徒たちに話してくれていました。学年は男女分け隔てなく仲がよく、協力性もあり、一定の規律もありました。幸い、一時期不登校だった生徒たちも秋頃には全員が登校してきていました。そうした生徒は不安定な面も抱えてもいましたが、クラスの生徒のケアし合う関係が不安定な生徒の心と生活を支えていたように思います。

2　学校改革を振り返ってみて

　私の学校はボトムアップが出発の学びの共同体づくりの学校であったと言えるでしょう。下と上の協力のもとに、丸3年（2009, 2010, 2011年度）全校をあげて学びの共同体づくり（協同学習の推進）に取り組めたのはとても幸せなことだったと考えています。もちろんその後もいろいろな形でその成果は残っています。赴任当初は「困難な学校に来た」という実感でしたが、そのおかげで先生方と力を合わせて全校で協同学習を推進でき、小学校との連携も別の中学校との連携も行うことができました。学びの共同体づくりを進めることの成果や心地よさは関わってきた教師や生徒の多くが実感しているのではないかと思います。

　研修方針の変更で最後の2年間は全校での協同学習の取り組みに弱まりが生まれ、残念な面もありましたが、いろいろな議論をしながら、その方針の下で全職員が力を合わせて取り組んできました。私も自分の担当する仕事に取り組み、全校・学年の先生方と一緒に頑張ってきました。

私自身はここでの貴重な体験が基になり、学びの共同体づくりの成果やさらなる可能性を考え、その理論や実践をより深く学び、学びの共同体づくりと英語教育に引き続き関わっていきたいと考え大学院への進学を選択しました。学びの共同体づくりの理論や実践から学ぶことは本当に多いと考えています。「子供も教師も保護者も幸せになれる学校」「地球時代とも言える21世紀型の学校」を作る応援が少しでもできるように力を発揮していきたいと考えています。

3　ある卒業生からの手紙

2013年度の卒業式前後、何人かの卒業生が訪ねて来てくれました。そのうちの1人、Nさんが大学進学の報告に来て、英文で書いた手紙を持って来てくれました。彼女は全校での学びの共同体づくり1年目後半から2年目前半まで生徒会長として活躍した生徒でした。彼女の長い手紙の一部を紹介させてもらいながら、彼女に関わるエピソードを少し紹介させてもらいます。中3の時、英語弁論大会で埼玉県7位になった生徒でもありました。

> （T外大へ進学、世界市民に成長したい、大学生活への抱負、その他の記述の後）
> 　Because of your English lesson in O Junior High School, I became interested in Language. I really liked your lessen which was very interesting! I can't thank you enough.　（困難があっても挑戦したい、お別れの言葉等が続く）

引用部分を訳してみます。

> 「O中学校での先生の英語の授業のおかげで、私は言語に興味を持つようになりました。私は先生の授業が本当に好きで、それはとても興味深いものでした。先生に感謝してもしきれません」

彼女は本当に優秀で、生徒会長としても彼女ほどしっかりしていて、力があり、気遣いもできる人は私の長い教師生活の中でもあまりいなかったと思う生徒でした。しかし1年生の時にはクラスにはいじめがあり、まとまりもなく、彼女がみんなの前に立てる状態ではなかったそうです。むしろ孤立した傾向にもあり、休み時間や給食の時間もややつらかったと後で語っていました。生徒会役員への立候補の勧めも固辞していました。彼女が2年生になった時から全校での協同学習が始まり、生徒同士の結びつきも強まり、学校が変わっていきました。そうした中、今度は役員に立候補し、生徒会長に当選。1年間大いに活躍し、多くの生徒から信頼されるようになりました。

彼女は「先生に感謝してもしきれません」と書いています。英語の授業や英語弁論

大会での支援へのお礼はもちろんあったでしょう。でもそれだけでなく、私たち教師が「O中学校の授業と学校を変えるために力を合わせて努力してきた」ことを知っていて、その一員であった私への感謝の気持ちも表しているのではないかとも思っています。いずれにしろ彼女たちも学校改革のパートナーであり、同学年で最後は学年合唱の指揮者として活躍して卒業していったA君たちと同じように、学びの共同体づくりによって共に幸せになってきた仲間だと考えています

4 先生方と生徒たちに支えられて

話が前後しますが、2013年度は私個人にとっても特別な年になりました。6月初旬のある日の放課後、職員が放送で集められました。何か起こったのかと考え集まると、なんと先生方がサプライズで私の還暦を祝ってくれたのでした。素敵な記念品や花、寄せ書きを贈ってくれました。それまで還暦を

サプライズで私の還暦を祝ってくれた先生方

迎えることに特別な気持ちも持っていなかったのですが、教職の最後の年に一緒に頑張ってきた先生方に祝っていただいたのは本当に嬉しいことでした。先生方からの寄せ書きとその時の写真は私の大事な宝になっています。

生徒たちとの間にも嬉しいことがありました。3月の卒業式の前日、3年生は生徒の学年委員会と学年教師の共催で「感謝と激励の集い」を開きました。学年主任だった私は「2月にみなさんにMy Dreamを書いてもらいました。全員がしっかりと自分の夢を書いてくれました。みなさんと20年後にまた会いたい。もちろん夢が変わる人

サプライズで私の退職を祝ってくれた生徒達

もいるでしょうが、それぞれがどんなふうに頑張っているのか聞けるのを楽しみにしています。それまで必ず元気で生きていたい」という話をしました。やはり最後の生徒たちは私にとって特別でした。

集いが終わると生徒の司会が前に出てきて、私は前に立たされました。思いもよらず、学年生徒たちが私の退職を祝ってくれ、代表が私への「感謝とお祝いの言葉」を述べてくれ、全員で「なだそうそう」を英語と日本語で歌い、学年全員の寄せ書きを

贈ってくれました。

　いろいろなことがある中、先生方と生徒たちに支えられてやってきたわけですが、「教師をやってきて良かった！」「この学校が最後で本当に良かった！」と実感させてくれた１年となりました。

　３年生は、受験校の決定や入試の重圧のかかる２、３月期を乗り越え、３月14日には卒業生全員が出席し、感動的な卒業式が行われました。１、２年生には風邪で、それぞれ学級閉鎖のクラスがあったのに、なぜか３年生は全員が元気でした。すべての生徒の進路も決まり、それぞれ立派に卒業していきました。途中いろいろなことがありましたが、一緒に頑張ってきて本当に良かったと実感させてくれる生徒たちに育ってくれました。

5　生徒たちの寄せ書きから

　生徒たちの寄せ書きの中から声を紹介します。とても多かったのは、「英語の授業がよくわかり、楽しかった。ありがとうございました」というものでした。それ以外の中から特徴的なものをいくつか書いてみます。

英語の授業だけでなく、いろいろなことを私たちに教え、また支えてくれて本当にありがとうございました。３年間楽しかったです。　　　　　　　　　　Uさん	先生のご指導のおかげでここまで素晴らしい学年をつくり上げることができました。これからはお体に気をつけて、楽しい生活を過ごしてください。　　　　　Kさん
３年間ありがとうございました。先生の授業はわかりやすく、楽しかったです。お身体に気をつけて、大学院でも頑張ってください。　　　　　　　　　　　Sさん	厳しくもやさしい根岸先生、今までありがとうございました。Have a nice day!　　　　　　　　　　　　　　T君
不登校だったこんな私の面倒を見てくれてありがとうございます！　　　　Dさん	僕に、英語世界への興味を与えてくれてありがとうございました。　　　　K君
今まで英語を教えてくださりありがとうございました。先生のおかげで英語が大好きになりました！！これからも頑張ってください。　　　　　　　　　　Kさん	Dear Mr. Negishi. Thank you for teaching English for three years! 発音講座ではありがとうございました。おかげでうまくなることができました。　　　T君
３年間、英語の授業をしてくださりありがとうございました！将来の夢を叶えるため、これからも英語学習を頑張ります！　　　　　　　　　　　　　　Kさん	３年間ありがとうございました！これからは大学での勉強と大好きな登山を、身体に気をつけて楽しんでください。　　　　　　　　　　　　　　M君
３年間素晴らしい授業をありがとうございました。英語の歌は特に楽しかったです。先生、定年おめでとうございます！　　　　　　　　　　　　　Tさん	３年間お世話になりました。素直になれず、先生にあたってしまいました。すみません。でもすごく尊敬しています。　　　　　　　　　　　　　Kさん

中学校での教員生活の最後の学校で大変幸せな経験をして良い締めくくりができたのは、学びの共同体づくりに全校で取り組んでこられたことが大きな理由の一つだと考えています。力不足の私を支え、力を合わせ取り組んでいただいた全ての先生方と生徒・保護者のみなさん、また学校改革を支援していただいた学校外の先生方に感謝の気持ちを表して、第5章の締めくくりとします。

私の宝でもある「修学旅行での学年全員写真」（法隆寺にて）

資料1 論文

埼玉大学附属教育実践総合センター研究紀要原稿（2016年2月月発刊）

英語科授業での協同的学びの質を高めるための考察と実践

A research and a presentation of practices by which we can improve the quality of collaborative learning in English education

根岸　恒雄

NEGISHI Tsuneo

【キーワード】　協同学習、英語教育の目的、協同的学びを成立させる3要件、学びの質、具体的実践例

第1章 協同的学びの質を高めるための考察

1　はじめに

（1）協同的学び（協同学習）への関心が高まっている。一方的な知識伝達型の一斉授業だけでは生徒全員を学びに参加させることができないことが実践的に証明されてきていることの表れであろう。そのことは文部科学省がアクティブラーニングの必要性を言い出していることからも明らかである。

（2）日本の公立学校において協同学習が広まる大きな原動力の一つとなっているのが、学校全体で協同学習を推進し、授業改革を基に学校を改革することを目指す学びの共同体づくりの広がりであろう。筆者は2つの公立中学校において合計7年間学びの共同体づくりに取り組み、協同学習を全校で進めることの意義や効果を強く実感してきた。

中学校の英語科教師として協同的学びの実現を目指して実践し、実践報告をさせてもらう機会も多く得てきた。また研究会等で他の英語教師の授業も参観し、協議にも参加してきた。研究会においてよく言われることが、「協同学習でとても難しいのが英語だ」ということ、また「英語の授業で質の高い学びを実現するにはどうしたら良いか」ということである。

（3）「学びの質を高める」という課題は英語科教育だけに求められているわけではない。「21世紀型の学校教育」として、全ての教科に求められている。ここでは英語科授業での協同的学びをどう進めたら良いかにも触れながら、特にその質を高めるにはどうしたら良いか、そのための考察を行い、自身の実践も紹介してみたい。

2　協同学習の定義とグループ学習の3類型

まず、協同学習について定義し、3種類のグループ学習について確認しておきたい。

（1）協同学習の定義について江利川（2012）は、「少人数集団で自分と仲間の学びを最大限に高め合い、全員の学力と人間関係力を育て合う教育の原理と方法」と述べている[1]。実際の授業を実施する場合、少人数集団だけで行うわけではないので、実践の目安として根岸（2013）は、「英語教育の効果（人格形成や学力形成）を最大限に高めるために、全体での授業とペア・グループの活動や学び合いを有効に組み合わせて授業を行う」を提起している[2]。教師が説明をしたりトレーニングをさせたりする一斉の部分と、ペアやグループ（4人程度）の活動や学び合いを組み合わせて教育の効果を高めると考えると取り組みやすいであろう。

（2）本稿で論ずる協同学習の種類についても触れておきたい。佐藤（2014）は、日本におけるグループ学習には3つの類型があるとしている[3]。「①班学習と呼ばれる『集団学習』＝集団主義(Collectivism＝集産主義)の伝統。（1930年代から1960年代）。② 協力学習（Cooperative learning）による『話し合い』学習。アメリカでも日本でも最も普及している（Johnson & Johnson, Slavin）。③ 協同的学び（Collaborative learning）(Vygotsky, Dewey)。学びの共同体における協同的学びは、ヴィゴツキーの発達最近接領域

の理論と、デューイの民主主義と対話的コミュニケーションの理論を基礎としている」

本稿で協同学習と言う場合、学びの共同体における協同学習（Collaborative learning）を中心に論じている。また筆者自身、この協同学習はネル・ノディングズが言うケアの論理も根拠にしているように思っている[4]。ノディングズはケアを「心を砕く」という意味で使っている。教師がすべての生徒に心を砕き、それを基盤にしながら生徒同士が心を砕き合う関係を作るということである。

3　英語教育の目的を考える

協同学習実践の目安に関係して、筆者は英語教育の効果を人格形成や学力形成と書いた。ここで英語教育の目的について考えたい。目的をしっかりと把握して実践することが、授業の質を考える上でも大事になるからである。

（1）筆者は英語教育の目的は、2つが中心だと考えている。

①英語教育を通して、人格形成を進めること。言語の背景にある世界の文化や生活、起こっていること等を学びながら、世界の人々と共生し、力を合わせて諸課題を解決していける人間に育てること。

②英語教育を通して、学力形成を進めること。4技能の力を高め、英語を使える力を高めていく。また外国語と対比しながら母語である日本語への認識を深める。

毎時間2つの目的を同じように追求するわけではない。教材等により違いは起きるであろう。大事なことは、英語教育の長いスパンの中で2つを追求するということである。

（2）この目的論の根拠をあげてみたい。中学校学習指導要領では次のようになっている[5]。

> （1）第1章　総則（第1　教育課程編成の一般方針）
> ・公共の精神を尊び、<u>民主的な社会及び国家の発展に努め、他国を尊重し、国際社会の平和と発展や環境の保全に貢献し未来を拓（ひら）く主体性のある日本人を育成するため</u>、その基盤としての道徳性を養うことを目標とする。（<u>学校の教育活動全体を通して行うと強調</u>）
> （2）第2章　各教科　第9節　外国語
> ・<u>外国語を通じて、言語や文化に対する理解を深め、積極的にコミュニケーションを図ろうとする態度の育成</u>を図り、<u>聞くこと、話すこと、読むこと、書くことなどのコミュニケーション能力の基礎</u>を養う。
> ＊下線部は筆者による

人格形成にかかわる道徳性を養うことを学校の教育活動全体を通じて行うとし、道徳の時間はもとより、各教科、総合的な学習の時間及び特別活動において指導を行わなければならないとしている。英語科では第2章のみが強調される傾向にあるが、人格形成と学力形成の両方を追求すべきとしているのが学習指導要領の趣旨なのであり、英語を含むすべての教科に共通するものなのである。

（2）1965年のユネスコ公教育会議が、各国文部省に勧告した「中等学校の外国語教育に関する勧告59号」は次のように述べている[6]。

> （9）外国語教育はそれ自身が目的でなく、その文化的、人間的側面で、学習者の知性と人格を鍛え、よりよい国際理解と、市民間の平和的で友好的な協力関係の確立に貢献することに役立つべきである。

ここでも、公教育における外国語教育の目的が、外国語技能の習得にとどまらず、学習者の知性と人格を鍛えることに役立つべきとしている。

（3）1962年に日本教職員組合の全国教育研究集会（全国教研）の外国語教育分科会の討議の中で決められた「外国語教育の4目的」についても考えてみたい。当時ほとんどの教員は組合に入っていたので、この分科会は全国の英語教員の代表が集まり、実践を交流し課題を確認し合う重要な場であった。そこで決められた「4目的」はその後、1970年と2001年に改訂され、21世紀にふさわしい「外国語教育の4目的」として現在に引き継がれている。

> 【外国語教育の四目的】（第3次）
> 1　外国語の学習をとおして、世界平和、民族共生、民主主義、人権擁護、環境保護のために、世界の人びととの理解、交流、連帯を進める。
> 2　労働と生活を基礎として、外国語の学習で養うことができる思考や感性を育てる。
> 3　外国語と日本語とを比較して、日本語への認識を深める。
> 4　以上をふまえながら、外国語を使う能力の基礎を養う。

以上のように、中学校での外国語教育のあり方を示す3つの文書とも、外国語（英語）教育を通して人格形成と学力形成の両面を追求すべきことを強調している。このこと

は後に見る英語教育の教材の中身や、授業の質を考える上でも大変重要な意味を持ってくることを指摘しておきたい。

4　協同的学びを成立させる3要件とその具体化

協同学習の効果的実践や学びの質を考える上で大切なのが佐藤（2014）の言う「協同的学びを成立させる3要件」である[7]。

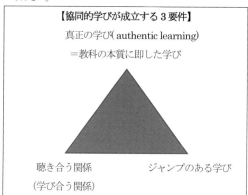

この3要件がそろってこそ協同的学びが成立するとしている。協同的学びを成立させ、その質を高めるためには、これら3要素を具体化し高度化することが大切だと考える。各要素を英語科としてどう具体化するか、筆者の考えを示してみたい。

（1）聴き合う関係（学び合う関係）づくり

聴き合う関係づくりでは、次の諸点が大切になるだろう。

① 教師は全体での授業とペア・グループの活動や学び合いを有効に組み合わせて授業を行うようにする。生徒は一緒に取り組む中で、ペアやグループの仲間のことを理解し、互いに気遣う（ケアし合う）ことができるようになっていく。

② 1つの教科で実施しても関係はできるが、すべての教科で行われる方がずっと効果が高い。聴き合う関係づくりは人間関係づくりでもある。全校で取り組んでこそ、人間関係づくりが進むのである。

③ 「教え合う」のではなく、「学び合う」ことが大切。「わかった人は教えてあげて」ではなく、「わからなかったら自分から聞くんだよ」としつけることが必要である。わからない子ほど自分から聞けない傾向があるので、そんな場合には「共感的な声かけができる関係」[8]（胡子、2015）が必要になるだろう。

④ 協同学習を進める前提として、ペア、4人グループを作っておくことが必要である。スムースに一斉からペアやグループに、またその逆にも移行できなければならない。

（2）英語科としての真正の学び

協同的学びの効果や質に関係する大きな要素が英語科としての真正の学び（教科の本質に即した学び）であろう。次の諸点を考慮することが重要だと考える。

① 英語教育の目的をふまえる（目的論）。教育の長いスパンの中で、また短期の授業の中で、人格形成と学力形成の両立を目的として授業を構成することである。技能を高めることを目標とするのは当然であるが、それだけでは公教育とは言い難いであろう。

② 目的論をふまえ、学ぶに値する内容のある教材を使用する（教材論）。学習指導要領総則でも言われている趣旨を生かし、国際理解、平和、環境、人権、愛、努力等を扱う質の良い教材を使い、協同学習的に学ばせる方法を工夫したい。また、ここで言うauthentic（真正な）とは、教科（英語科）としての真正性であり、必ずしも教材の真正性（原物に忠実な）を意味するものではないと考える。

③ 英語教育の方法を学び熟練する（方法論）。生徒同士の学び合う関係ができただけでは、協同的学びが効果をあげるとは限らない。英語教育としての理論や実践方法をどれだけ学び熟練しているかが問われることになる。協同的に学ばせる力と教科教育の力が両輪のように高まってこそ、質の高い授業ができると言っても過言ではないだろう。

④ 英語科は学力差が一番つきやすい教科であることにも考慮が必要である。そのために、共有の課題を丁寧に扱うこと、また支え合って学ばせる工夫が大切である。

⑤ 英語科は活動やトレーニングを多く伴う教科であるため、どのペアやグループも有効に機能することが望ましい。活動に参加できないペアやグループが生じることがクラス全体に与える影響は、探究を中心とする教科以上に大きいと言えるのではないか。そのため、ペア・グループの編成に工夫を加えても良いだろう。

⑥ 英語科でのペア、グループの組み方については、主に3通りの方法が考えられるであろう。江利川（2012）で筆者が紹介した方法を簡潔に記しておきたい[9]。

【グループ編成の主な方法】
男女混合の４人グループを作ることは前提で、
A　教師が学力や人間関係を考え、多様なメンバーを入れて編成する方法。
B　近くに座っている４人ずつで教師がグループを作っていく方法。筆者自身はこの方法を使い、必要に応じて生徒の同意を得た上でメンバーを替えることがあった。またグループのまとめ役として、班長を決めていた。
C　クラス全体をペアリーダーとパートナーに分けて、人間関係を把握した上で教師がペアを作り、２つのペアを組み合わせて４人グループを作る方法。

それぞれの利点、欠点、その他詳しい情報については元の文を参照され、継続でき協同的学びを効果的に実現できる方法を工夫されたい。

(3) 英語科でのジャンプのある学び

① 教科書レベルの課題を共有の課題というのに対して、教科書以上の高いレベルの課題のことをジャンプの課題と一般的に言っている。

③ 英語科でのジャンプの課題は、一人では到達しにくいが、仲間と支え合って初めて実現できる課題を設定し、そこに向けて協力して達成を目指すのが望ましい。吉田（2015）は8,9割の生徒が英語嫌いで入学してくる高校で、1年生から協同学習を続け、グループリテリングを積み上げた上で、2年生の3学期に個人リテリングに挑戦させている[10]。高めの課題を設定し、グループでの何度もの練習を足場にし、最後は個人で挑ませている。高めの課題でも、協同的に学ばせ細かな手立てを尽くせば、達成可能なことを明らかにしている。

④ 胡子の「学びのスパイラル」もジャンプの課題の重要性を示している[11]。

Output（表現）させる課題 →Noticing（気づき）→ Research（情報収集）→ Intake（分析・整理）→ ☆Output（判断・表現）☆ → 次の活動　というスパイラル（らせん状）な高まりの実践を紹介している。☆印部分にはジャンプの学びが入る。Output という課題から入り、途中にジャンプすべき場面があるから、Noticing や Research、Intake が必要になってくる。そうした活動の繰り返しにより高い英語力につなげている。胡子は、Learning is jumping! とまとめている。

⑤ 学力差が一番つきやすい教科だけに難しさだけを追求し続けるのは「落とし穴」にもなり得る。まず共有の課題を丁寧に扱い、必要な活動を積み上げること、その上で支え合いながら（模倣や足場かけ等も使いながら）高い課題に挑戦させることが必要である。

⑥ 「個人学習の協同化」（個人でやっても良い課題を、グループを作り聴き合いながら実施させる）も有効である。例えば、自己表現（課題作文）を書かせる時にもグループを作って、聴き合ってやらせると、ほぼ全員が書けるようになる。

⑦ 高い課題があってこそ、生徒達は本気になるし、生徒同士も力を合わせ、繋がっていくことも付け加えておきたい。

5　考察のまとめと今後の課題

（1）以上、協同的学びの成立する要件と学びの質を高めるための考察を行ってきた。重要な点をまとめてみたい。

①質の高い学びという場合に、「21世紀型の学校教育」を視野に入れるべきこと。
②英語教育を通して、人格形成と学力形成の両方を進めるべきこと。
③人格形成と学力形成の両方が進められるよう、教材の質が問われるべきこと。
④協同的学びの質を高めるためには、成立のための3要件（聴き合う関係、教科の本質に即した学び、ジャンプのある学び）を具体化し、さらに高めることが大切であること。
⑤聴き合う関係づくりのために、学び合う関係づくりが大切であること。全体での授業とペア・グループの活動や学び合いを有効に組み合わせ、継続していく中でつくられていくこと。
⑥教科の本質に即した学びのためには、目的論、教材論をふまえ、方法論にも熟達することが大切であること。
⑦ジャンプのある学びを追求してこそ、生徒を本気にさせ、力を伸ばすことができること。

上記のことに留意して実践を具体化できてこそ、協同的学びの質を高めることができるのではないだろうか。

（2）今回は協同的学びの成立する要件や学びの質を高めるための手立てを検討してきた。今後は協同的学びの効果や方法を考察していきたい。

コの字型での授業の一場面

第2章 学びの質を高めることを目指した実践

第2章では、筆者自身が実践してきた中からいくつかを紹介し、英語科での協同的学びの質という視点から検討して頂きたい。

1 授業方針
　筆者の授業方針は次のようである。

（1）目標は「人間教育としての"英語楽習"」
　　楽しく学ばせる中で、人格と学力の形成をめざす。
①コミュニケーション力を高める。その中身が大切！
②21世紀型の教育をめざし、世界の人々と平和的に力を合わせ、諸課題を解決できる人格と学力を育てる。
（2）授業方針
①わかる、楽しい、仲間と、表現できる。
②世界と出会う：交流、環境、平和、愛、人権、努力等。
③豊かな活動と価値ある学び。
④生徒をつなげ、生徒とつながる。

2 具体的実践例
　授業はコの字型の座席での一斉授業とペア、グループ学習を有効に組み合わせて行うように務めている。

A 教科書の基本文（文法学習）では
　教科の基本文（文法学習）では、次のような学習形態をとるのが通常のやり方である。

（1）オーラルでの文の導入、説明は一斉で。
（2）新文法事項を使った対話やQ＆Aなどはペアで。
（3）問題や自己表現（作文）はグループを作って。グループの全員が終わったら班長が報告。単語練習や別の課題をやる。
（4）コの字に戻し、答の確認、説明、自己表現の発表等を行う。

　この方式での導入の一例を示したい。Sunshine の教科書 Program5-2「make 人　形容詞」の文の導入の様子である。

（1）　教師が一定のまとまった話をし、その中で「自分を幸せにするもの」の文を紹介する。ここでは、Listening to music makes me happy. 等の文を紹介する。
（2）　プロジェクターでその文を示しながら、文の使い方を説明し、主語や形容詞の部分を他の語に変えながら、パターン・プラクティスを行う。
（3）　プリント（次ページ）を使い、2の What makes you happy?の質問に対する自分の答えを書かせる。その時に、参考になるように、プリントの例を全員で学ぶ。（ここまでコの字で）
（4）　プリントに書いた自分の文と3の例文を参照し、インタビュー・ゲームを行う（ペア活動）。相手の名前と「幸せにするもの」を記入する。2分半程度の時間で何人とインタビューできるか。1人につき、1ポイントとなる。
（5）　4人グループを作り、インタビュー結果を基に4の作文を書く。わからない表現は辞書を引いたり、友達に聞いたりして、全員が3文以上書けたら班長は教師に報告する。
（6）　終わったグループは5の作文を書き、その後、プリント裏側の単語練習を行う。
（7）　時間があれば、4で書いた文を発表してもらう。

```
3年___組___番 氏名_____
P.5-2　make　A　B「AをBにする」（Bには形容詞が入る）
1. Do you like listening to music?
   Yes. Listening to music makes me happy.
   （音楽を聞くことは私を嬉しくさせる → 音楽を聞くと私は嬉しくなる）
   Playing soccer makes me happy.
【形容詞のいろいろ】
happy: 嬉しい　　angry: 怒っている　　excited: わくわくした　　surprised: 驚いた
sad: 悲しい　　popular: 人気のある

2. 自分の立場で答えよう。
   A: What makes you happy?
   B: _____ makes me happy.
watching movies:映画を見ること　　playing games:ゲームをすること　　cooking:料
理すること　　reading books:読書　　fishing:釣り　　swimming:水泳　　playing
tennis: テニスをすること　　sleeping:眠ること　　singing songs: 歌を歌うこと
watching TV:テレビを見ること　　climbing mountains:山登り　　talking with my
friends:友達と話すこと　　staying with my family:家族と一緒にいること

3. お互いに聞きあおう。
   A: Hi. Listening to music makes me happy. （音楽を聴くと私は幸せになるの）
      What makes you happy?　（何が君を幸せにするの？）
   B: Playing soccer makes me happy. （サッカーをすると僕は幸せになるよ）
   A: I see. Thank you.
   B: You're welcome.
| Name |  |  |  |  |
|---|---|---|---|---|
| 幸せにするもの |  |  |  |  |
| Name |  |  |  |  |
| 幸せにするもの |  |  |  |  |

4. 例にならって上で聞いた事を英文にしよう。
   (例) Climbing mountains makes Mr. Negishi happy. 山に登ると根岸先生は幸せになります。
       Reading books makes Keiko happy. 読書をすると恵子さんは楽しくなります。
   ①_____
   ②_____
   ③_____

5. 次の英文を完成させよう。
   ① この歌は私を楽しくします。( me, this, happy, makes, song )
   _____
   ② サッカーの試合を見ると私たちはわくわくします。( soccer, us, watching, games, makes,
     excited )
   _____
```

B　単語や本文の学習では

単語や本文の学習形態も基本文とほぼ同様である。

（1）単語の学習、本文導入、リーディング等はコの字。
（2）読み取り、英問英答、リスニング等はグループで。
（3）本文説明、問題の答え合わせ等はコの字。
（4）リピーティング、シャドウイング等はコの字。
　　　グループ合わせ読み、一文ずつ回し読みも行う。
（5）ペア読み、ペアで同時通訳方式読み等はペアで。
　　　単語インプット等もペアで。

C　ウォーム・アップ、小テスト、長文読み取り等

（1）ウォーム・アップの活動
　①ビンゴゲームはコの字で。
　②スマイル・インプットはペアで。
　③日常会話（Power Up English）はペアで。
　④歌は全員で立って歌う。

（2）単語テストや小テストはペアで採点し、グループ
　　ごとに記録して、提出する。
（3）長文や感動教材の読み取り、入試問題等は、
　　（個人→）グループ→全体でやると有効。

D　英語の歌の学習と鑑賞を行う

筆者が歌導入の方法として使っているReading-Listening方式では、歌の導入でグループを活用し、学習に全員を参加させ、その歌の鑑賞まで行えると考えている。以下がその方法である。

【Reading-Listening方式の手順】
①その歌や歌手についての説明を2分程度で行う。
②歌詞プリントの単語の中から10～15個程を空欄にして番号をつける。8割程度を既習の語、2割程度を未習の語にしておくと、「達成感」と「挑戦心」を養えるように思う。
③グループを作らせ、英語の歌詞と和訳を読んで空欄に入る単語を入れさせる。生徒は英文と日本文を一生懸命読み、歌のメッセージを読み取るとともに、（　　）に入る語について相談することができる。辞書を使わせる。この時正しく書けた単語は一つにつき2ポイントになる。時間内に終わったグループは一緒に音読（合わせ読み）をする。
　（Reading：15分程）
④グループを作ったまま、CDを聞いて空欄に書いた語の確認をする。すでに書いている場合には聞いて確認。聞いて初めて書けた場合には単語一つにつき、1ポイントになる。　　　　　（Listening：5分間）
⑤一斉授業の隊形（コの字型）に戻し、空欄に入る語を発表してもらい確認しながら、必要な解説を加え語法や詩の内容が理解できるようにする。　（8～13分程）
⑥もう一度曲をかけ、自分が最も感銘を受けたり、共感する文や表現に下線を引きながら聞かせる。後でそれらを交流するためである。
⑧　感銘を受け、共感する文や表現を発表してもらい、交流しながら詞の解釈を深めていく。（5～8分程）
⑨　必要に応じ歌の感想を書いてもらう。（2分程）

Readingに励む生徒達

【Zero Landmine（地雷廃絶を願う歌）を学んだ実践】
2013年1月、2年生で行った実践である。
（1）予備学習としての地雷の話

前の時間の授業終わり10分程を使って、地雷や被害にあった人、子供たちの写真を見せながら、被害の実態、現在地球に埋められている数（7000万個〜1億個と言われている）、除去の方法等を話した。本番ですぐに歌の学習に入れるようにするためである。

（2）授業本番

次の授業デザインを立てて実施した。

Zero Landmine 導入の授業デザイン
1　内容　　歌「Zero Landmine の学習と鑑賞」
2　本時のねらい
（1）歌で使われている単語や表現を理解させる。
（2）深い内容を表す箇所を考えさせ、交流し、鑑賞させる。
（3）「学び合い学習」を促進し、全生徒の授業参加をめざす。
3　授業の流れ
（1）授業の流れについての説明　　　　　コの字
（2）Reading（英文と訳を読み比べ、英文の穴埋め）
　　　　　　　　　　　　　　　　　　　　グループ
（3）Listening（CDを聞いて確認する）　グループ
（4）答の確認、重要表現の確認　　　　　コの字
（5）もう一度Listening（最も感銘を受ける箇所はどこか
　　考えながら聞く、交流）　　　　　　グループ
（6）全体での交流　　　　　　　　　　　コの字
（7）歌と坂本氏の活動に対する感想記入　個人

4　授業評価のポイント
（1）単語や表現は理解できたか？
（2）感銘を受ける箇所について考え、深められたか？
（3）歌と坂本氏の活動について考えを書けたか？

3の（4）では答と重要表現の確認をしながら、文の解釈も行った。例として、

There's fire in the ground　　fire とは何のこと？
In the space between the trees　　In the forests and fields　　fields の意味は？
　　　　　　　野原にあるというのはどういうこと？
On pathways, in dreams　　小路や夢の中にもあるというのは？
A strong wind carrying fear and anger
Came and went and stole tomorrow
　　　　　　　stole tomorrow とは

Zero Landmine の歌詞プリント

（6）の「最も感銘を受ける部分とその理由の交流では、6人の生徒が発表した。

（7）の歌の感想と坂本氏の活動に対する感想の中から紹介する。

この歌についての感想
I think this song is very wonderful. This song is important. I think this feeling is important.　（E君）
I think this song is a great song. I think Mr. Sakamoto is great. The most impressive part to me is Give the earth back its peace.　（Y君）
I think Mr. Sakamoto is great. I will cheer Mr. Sakamoto.　（E君）

坂本さんの活動への意見
I agree with Mr. Sakamoto. I think that Mr. Sakamoto's idea is nice. I want to clear landmines to help people.　（K君）
I think Mr. Sakamoto is very wonderful. We should act like him. His activities will extend to the world.　（Sさん）
I think that Mr. Sakamoto is great. He was changing the earth for landmine place. I think it's great.　（Yさん）

F 卒業論文として My Dream、Opinion を書く

２０１４年２月、中学校3年間で学んできた総まとめとして、卒業論文の執筆（My Dream を全員、My Opinion を有志生徒で）を課した。時間は約3時間。入試、卒業前の超多忙な時期だけに、生徒にも教師にも大きな負担にならないようにし、しかも My Dream を全員が書けるように、パターン（Opening, Body, Ending）を確認し、例文を示して試みた。

（1）　教師の例文

教師は4つの例文を用意した。①My Dream（やや深いバージョン）、②My Dream（書きやすいバージョン）、③④My Opinion。ここでは①と③を紹介する。

① My Dream　Hello, everyone. I will talk about my dream. I want to be a climber in the future. I have two reasons for it. / First, I like mountains very much. There are many beautiful mountains in Japan. Second, I will visit some foreign countries. I hope to climb mountains in Switzerland, France and New Zealand. / I will study at a university from next April, but I will find time to go to the mountains. I will do my best to be a good climber in the future.
③ Hello, everyone. I will talk about *manabiai gakusyu*. I think our school should continue *manabiai gakusyu*. / I have two reasons for it. First, *manabiai gakusyu* is very good for students. Students can ask and teach each other. It is good for their learning. They become very friendly too. / Second, our school has become a very good one through *manabiai gakusyu*. Students had many kinds of troubles six years ago. We will graduate from our school in March. But I hope our school will continue *manabiai* and become a better one. Thank you very much.

（2）　授業の進め方
　①　単語学習（教科書P103、104、巻末資料⑨）
　②　Essay の書き方確認（Opening, Body, Ending）
　③　例文の学習
　④　My Dream 下書き執筆（グループの全員が書けるように協力し合う）
　⑤　教師・ALT のチェックと清書
　⑥　My Dream が終わった生徒は、My Opinion の執筆
　⑦　清書した後、廊下に掲示して交流

（3）　取り組みの様子

忙しい時期で、重みのあるテーマではあったが、ほぼ3時間の授業で全員が My Dream を完成させることができた。また36人の生徒（96人中）が多様な内容の My Opinion を執筆して提出した。予想以上の提出率であり、内容的にも読み応えのあるものが大変多かった。やはり自己表現は楽しい。生徒と対話ができるし、生徒のことを知ることができる。

3年生の全員が英語で My Dream を書いて卒業していった意義はとても大きいものがあると考えている。準備にはかなり神経を使ったが、取り組み過程としてはそれほど大きな負担もなく、全員が書けた理由として、次のことがあげられるだろう。

①作文練習（Essayの書き方）を積み上げてきたこと。
②書く形式と例文を示したこと。
③「My Dreamを全員が書く」という目標の下に、グループ・クラスで援助し合ったこと。
④ 友達同士の学びあう、支えあう関係ができていたこと。ケアし合う関係ができていたこと。
⑤教科外、学年の取り組み、その他の学習により、生徒たちが「書く内容」を持っていたこと。

（4）　生徒の作品の中から、原文のままで紹介する。

My Dream　　　Yさん

Hello, everyone. I will talk about my dream. I want to be a farmer. I have two reasons for it.

First, I like nature very much. And I want to do a job which has some connection with nature. Second, I want to eat vegetables I make. Also, I want many people to eat vegetables more.

I will do my best to serve the good and safe vegetables to many people. Thank you.

My Dream　　　Uさん

I want to be a Korean interpreter in the future. I have two reasons for it.

First, I like Korea. There are many wonderful places in Korea. Second, I want to speak with Korean people. I thought so when I watched Korean dramas.

I will study at a high school from next April. So I will do my best to be a good Korean interpreter in the future. Thank you.

The importance of schools　　　O君

I think school is very important. I have two reasons.

First, we will have many conversations with many kind of people in society, so we must learn it. To go to school makes many students social. Schools are very perfect places for students to learn it. Second, I think we can learn other things.

To go to a school helps our future. Why don't we enjoy going to school together?

My Opinion　　　Kさん

I think that we should know about environmental problems. I have two reasons.

First, we have a lot of problems. So, I think we can start doing many things. For example, we can stop using cars. Second, it is useful for us to know many problems. We have to change the earth in the future. So we must know about the earth.

I think these problems are very important.

Forever the earth　　　Sさん

Hello, I'm going to talk about my opinion. We must save the earth. Very bad events are happening now. The earth has a problem that is global warming. We learned about them at school. One of teachers said, "There is not a light future for you." I was very shocked by hearing these words. Why can't we have light future? So, I thought about them very hard. And I understood two things for it.

First, we had a big problem in my country. About three years ago, we had a big accident in Fukushima. A lot of uranium was leaked. Many people can't go back home even now.

Second, Japan is an island country. The day will come when Japan goes under the sea. If it happens we will become refugees. Where is our new country? I think there is not ground which all Japanese can live with.

I want to save the earth. I'm for and against atomic energy. Because, if we stop using it, we have to use more fossil fuels. It is bad for the earth. And it helps global warming. But there are many people who are working there. However, atomic energy is very dangerous. So, I can't decide what we should do.

I don't want to lose many animals and nature. To think of the earth is to live together. I love the earth. We can change our future by ourselves. We should do something to the earth. I hope the earth can last forever!

3　実践のまとめと今後の課題

（1）以上、紙数の関係で限られたものになったが、子供達が繋がり、視野を広げ、国際的な課題についても思考を深める等の人格形成と、4技能を含めた英語学力の向上の両立を目指す実践を紹介してきた。特に表現力（発信力、内容）を高めることを目指した実践でもあった。

（2）内容のある教材を協同的に学ばせ、人格形成と学力形成の両立を目指すからこそ、将来英語をあまり使わないとも考えられる生徒も含め、全員が学ぶ「国民教育としての英語」の意義があると言えるだろう。

（3）協同的に英語を学び、ペアやグループでの援助のし合い等もふくめてこそ、全員が学びに参加でき、学力も高めていけるだろう。

（4）筆者の授業を3年間受けてきた生徒の声を3つだけ紹介し、考察の一手段にしたい。「学び合い学習（協同学習の生徒用の言葉）では、『自分がわかる』だけでなく、『人に教える力』が伸びるので良いと思う。人にもその知識を分けられる」（Aさん）。「英語は苦手だから学び合いにしてくれるとすごくありがたい。一人だとできないけど、班のみんなとならできる」（B君）。「授業では、英語だけでなく、戦争の悲惨さや環境問題、人種差別などについても学べて良かった」（Cさん）。

（5）今回は自分の実践を紹介しながら、「協同的学びの質を考えたが、今後は他の実践者の取り組みを分析しながら、学びの質を考えていきたい。

参考文献

1）江利川春雄 (2012)『協同学習を取り入れた英語授業のすすめ』大修館書店(6)
2）根岸恒雄 (2013)『英語教育4月号』大修館書店
3）佐藤学 (2014) 講演資料「学びの共同体　課題と改革」
4）ノディングズ，ネル (1992、邦訳2007)『学校におけるケアの挑戦』
5）中学校学習指導要領 (2008)
6）江利川春雄 (2012) ブログ「希望の英語教育へ」（9月26日）から引用
7）佐藤学 (2014) 同上
8）胡子美由紀 (2015) 講座「協働学習とＴＥＥで生徒を英語大好き、アクティブにする授業マネジメント」
9）根岸恒雄(2012)『協同学習を取り入れた授業のすすめ』(208-209)
10）吉田友樹 (2015) 報告「協同学習の実践と効果—英語嫌いと向き合い、スローラーナーに寄り添う」新英語教育研究会全国大会
11）胡子美由紀 (2015) 同上

(論文はＡ４で40ページの英文＋資料10ページからなっています)
外国語学習者への協同学習の効果―作文力と学ぶ意欲に関して
Effects of Collaborative Learning on EFL Students concerning Writing Skills and Motivation

根岸　恒雄　／　英語教育専修
NEGISHI Tsuneo　／　English Education Course

１．はじめに

　英語は学力差が大きくつく教科のひとつであるため、苦手な生徒も含めて協力しながら高い目標に向かって学んでいく教育の方法が求められている。そうした中でグループ学習への関心が高まり、協同学習に関する出版物が増えている。しかし協同学習の定義も固定しておらず、協同学習の効果に関する実証的な研究は、特に中学生、高校生を対象にしたものは少ない。ここでは、協同学習(collaborative learning、以下CL)を「英語教育の効果である学力形成や人格形成を高めるために、クラス全体での活動とペアやグループの活動を有効に組み合わせて達成される学習」と定義する。

　協同学習の効果を考える先行研究として、筆者は岩田(2012)が主張するいくつもの協同学習の効果を２つの中学、２つの高校の生徒(計302人)と教師（４人）にアンケートを行い、１～３年の期間ＣＬを効果的に行えば、英語力の高まりや学ぶ意欲の高まりも含めていくつもの効果があがり得ることを確認した。

２．本調査の方法

　本調査は、比較的短い期間に、協同学習が中学生の作文力と学ぶ意欲の向上に与える効果を個別学習（以下ID）と比較することを目的として行われた。リサーチクエスチョンは、（１）比較的短い期間に、絵の内容を英語で書いて説明するテストで、個別に学んだ生徒達と協同的に学んだ生徒達では有意な差がでるのか、（２）比較的短い期間に、英語を書く意欲の向上が、個別に学んだ生徒達と協同的に学んだ生徒達では有意な差が出るのか、であった。

　調査は熊谷市のある中学校の３年生１０３人（３クラス）を協同的に学ぶ６７人（２クラス）と個別に学ぶ３６人（１クラス）に分け行われた。第１日目に説明が行われた後、プレテスト（１０分間で、絵の内容をできるだけ多くの正しい英文を書いて説明する）が行われた。第２～４回には、両グループに共通の活動として作文に有効な表現集を５分間で学んだ後、協同クラスでは４人程度のグループを作って聞き合いながら書く活動を行い、個別クラスではグループを作らずに書く活動を行った。教師に聞くことや辞書を調べることは両グループとも奨励された。３回の練習時の生徒の様子は、筆者により記録された。練習で書いた作文は筆者により採点され、間違いを含む個所には下線が引かれ、正しい文には○がつけられ、点数と共に５種類の励ます言葉のどれかが添えられて返却された。第５回目には、ポストテスト（別の絵を使いプレテストと同じやり方）と一連の取り組みに対

するアンケートが両グループで行われた。協同のクラスでは、グループ活動に関するアンケートも行われた。第1回と5回の間は16日間であった。プレとポストテストは2人の中学校英語教師がそれぞれ全体的評価で10点満点で採点し、合計したものを点数とした。

3．結果

作文結果は二元配置の分散分析（ANOVA）を用いて分析された。両グループとも2つのテストの差は平均で4点程あり有意な伸びを示したが、相互作用はなく、指導法による差はなかった。また取り組みについてのアンケートではどちらのグループも各項目に比較的高い値を示したが、両グループに有意な差はなかった。さらにCLクラスに行ったグループ学習についてのアンケートも値が高く、生徒達がグループ学習を肯定的にとらえたことが伺えた。

4．考察

（1）作文力になぜ差が生まれなかったのかには2つの可能性が考えられた。①作文力は総合的な力が求められるので、実験時間（10分×3＝30分）が短すぎた。②作文力では2つのグループに差が生じにくい。どちらも作文力の向上に関わることなので、より長い期間の実験が求められると言えるだろう。

なぜ作文力が伸びたのかについても考察を行った。①ふだんあまり行われていないまとまった英文を書く機会を与えたこと、②練習時に学んだ「役に立つ表現集」が良いインプットになった可能性があること、③毎回多くの英文を書くことが奨励されたこと、④練習した文の評価方法や添えられた励ましの言葉が生徒のさらに調べる意識を高めた可能性があること、等であった。

（2）学ぶ意欲については2つの観点から考察が行われた。1つは取り組みについてのアンケートから、もう1つは筆者による練習時の観察記録からであった。

アンケートのどの項目も両グループに有意な差を示さなかった。①時間が短かったこと、②取り組み自体が効果的に行われ、生徒達が熱心に取り組んだこと等が考えられる。後者はアンケートの各項目の4件法による結果がかなり高かったことからも言えるのではないだろうか。

筆者による観察記録では、両グループの学ぶ雰囲気に比較的はっきりとした差があった。協同の2つのクラスでは、グループ内で聞き合いながら、どの生徒も熱心に取り組んでいるように見受けられた。この傾向は先行研究の川野、根本（2011）、和田（2012）らの報告と一致している。一方個別のクラスでは、机に伏して取り組もうとしない生徒がいた。その内の一人の生徒には筆者が1分以上働きかけると取り組むようになり、援助を受けて3文書き、さらに続けて計6文を書いた。その後は授業の最後まで寝ることはなかった。

協同のクラスでは誰も突っ伏したりせず、グループ内で大多数の生徒が学んでいたのは、グループ活動についてのアンケートの自由記述にあった「自分で表現できない時にお互いに教え合った（9人）」等と関係していたのではないか。言い変えると、CLで育まれる「聞き合う関係」（佐藤、2014）が生徒達の学びを支えていた可能性があるのではないか。

5．結論

（1）作文力は両グループとも有意に伸びたが、差は生まれなかった。2つの方法によるより長い作文力向上の調査が求められている。

（2）取り組みのアンケート結果の差はなかったが、観察による差があった。協同のクラスでは「聞き合う関係」が生徒達の学びを支えていた可能性がある。

（3）学ぶ意欲の高まりを比較する意味でもより長い調査が求められる。また、「聞き合う関係」が生徒達の学びを支える可能性があるので、外国語授業で協同的手法をより頻繁に使い、結果を検証していくことが推奨される。

あとがき

　英語授業での協同学習を扱った前著『楽しく英語力を高める"あの手この手"〜教科書の扱い・歌・協同学習〜』の発行から9年がたちました。その間、中学校での最後の卒業生を送り出し、大学院で学び、今は大学で教えるようになりました。「英語授業と全校での協同学習」の講座やワークショップを多くの場でやり、歓迎していただいてきました。そうした中、新しい本を出して、協同学習の効果や素晴らしさをさらに広めることが私の使命だと感じるようになってきました。

　実際に書き始めてみると、英語授業での協同学習に関する理論的整理、文科省の言う「主体的・対話的で深い学び」との関係、全校での協同学習推進に関する理論的まとめ、何年にもわたる多方面での実践のまとめと、どれも時間を取られ予想以上の期間がかかってしまいました。しかしそれだけに、改めて関係する文章を学び直すことができ、自分がやってきたことの意味も問い直すことができました。

　2019年1月、本書にも書いている最後の教え子たちの成人式の後の同窓会に参加させてもらいました。事情があって転校して行った子たちや気にかけていた子たちも参加し、元気に頑張っている様子をそれぞれ報告してくれました。何よりも学年全体がまとまって本当に和やかな交流が行われていました。生徒たちにとって学校・学年が「第2のホーム」になっていたのではないかとも思いました。全校・学年で協同学習を進めてきた成果だと考えるとともに、教師という職の有難さを改めて思いました。

　本書の執筆にあたり、編集の労を取っていただいた修学舎の森田晴義社長さん、背中を押していただいた高文研の飯塚直社長さん、また原稿執筆にあたり貴重なアドバイスをいただいてきた新英研会長の池田真澄さん、新英研全国常任委員の加藤彰男さんに特別の感謝を申し上げます。またご多忙な中、本書に身に余る推薦の言葉をお寄せいただいた佐藤学氏、江利川春雄氏に心から感謝申し上げます。

　改訂学習指導要領が本格実施されていきますが、本書がより多くの教育関係者に読まれ、協同学習のすばらしさが共有され、子どもも教師も幸せになれる英語授業や学校改革が広まっていくことを心から願っています。

　21世紀を生きていく日本の子どもたち、教師たち、そして保護者のみなさんに幸多からんことを。そして、世界の人たちと力を合わせ、平和で安定した時代を共に築いていけますように。

　　　　　　　　　　　　　　　　　　　　　　　2019年2月　　根岸　恒雄

【著者紹介】

根岸　恒雄（ねぎし　つねお）

埼玉県内の中学校教諭として37年間勤務。現在は非常勤講師として、群馬県立女子大・千葉商科大・駿河台大で英語科教育法、英語を担当。修士（教育学）。
いくつかの学校で英語授業改革等に協力している。
1953年、群馬県生まれ。1977年、東京教育大学文学部　英語学英文学専攻卒業。中学校で英語教師として勤務。最後の8年ほど、英語授業・全校での協同学習に取り組み、実践内容を本、英語教育誌、講演等で発表。退職後、埼玉大学大学院に進み、英語教育や協同学習を研究し、2016年同大学院教育学研究科修了。
新英語教育研究会事業部長、『新英語教育』誌編集委員、学びの共同体研究会スーパーバイザー等を務める。新英語教育研究会の全国大会やブロック研修会、各地の学びの会、その他で「英語授業や全校での協同学習」に関する講座やワークショップを多く担当している。『新英語教育』誌の連載「協同学習のすすめ」、連載「授業に歌を」などを担当し原稿も書いている。

主な著書：『協同学習を取り入れた英語授業のすすめ』（共著、大修館、2012）
『楽しく英語力を高める"あの手この手"教科書の扱い・歌・協同学習』（単著、三友社出版、2010）
『世界が見える"英語楽習"英語の授業アイディア集』（単著、三友社出版、2005）
英語の授業アイデアブック5『年間計画と評価　中学2年』（共著、三友社出版、2004）
英語の授業アイデアブック10『平和と非暴力の文化をつくる』（共著、三友社出版、2003）。雑誌『新英語教育』、雑誌『英語教育』の「協同学習」特集等に執筆。

主な論文：「外国語学習者への協同学習の効果、作文力と学ぶ意欲に関して」（埼玉大学修士論文、2016）
「英語科授業での協同的学びの質を高める考察と実践」（埼玉大学教育学部附属教育実践総合センター紀要第15号、113～120頁、2016）

英語授業・全校での協同学習のすすめ
「主体的・対話的で深い学び」をめざして

2019年3月31日発行

著　者	根岸 恒雄
発行所	株式会社 高文研
	〒101-0064　東京都千代田区神田猿楽町 2-1-8　三恵ビル
	http//:www.koubunken.co.jp
電　話	(03) 3295-3415　　FAX (03) 3295-3417
振替口座	00160-6-18956
印刷所	中央精版印刷 株式会社
装　幀	山口　敦
組　版	修学舎

乱丁・落丁の場合はお取り替えいたします。
Printed in Japan

日本音楽著作権協会（出）許諾第 1901865-901